굿바이
흙수저

.
.
.

님께

드림

Tel.

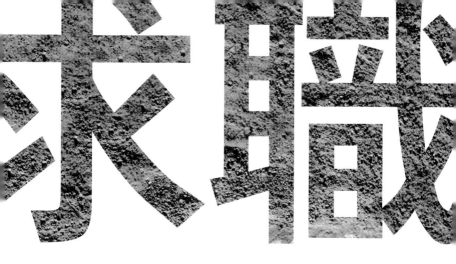

구직(求職)이 아니라 창직(創職)이다

굿바이
흙수저

김정수 지음

머리말

누구나 꿈꾸는 밝은 미래는 정말 만나기 어려운 것일까? 더 나은 내일을 기대하며 살아가는 것은 사치스러운 일일까? 오늘날 우리 주위를 살펴보면 유감스럽게도 미래가 그리 밝아 보이지 않는다.

최근의 영국 '브렉시트'는 전 세계를 강타했고 미국은 날로 심해져가는 빈부격차 속에서 외곽으로 밀려나는 중산층의 좌절감을 대변한다는 '트럼프 현상'과 '샌더스 현상' 등이 당선 여부와 상관없이 대선 판도에 일종의 신드롬을 불러일으키며 뜨거운 사회적 이슈로 등장했다. 또한 유럽을 비롯한 세계 곳곳에서는 조직이나 이념과 관련이 없는 이른바 '외로운 늑대(Lone Wolf)' 현상이 기승을 부리고 있다. 한국 역시 너무 많은 것을 포기해야 하는 탓에 금수저, 흙수저를 지나 스스로를 아예 'N포 세대'로 부르는 젊은이로 넘쳐난다.

왜 이런 현상이 생기는 걸까? 그 원인은 만성적인 일자리 부족에서 찾아야 한다. 이것은 정상적인 경제활동에 참여하지 못한 사람들이 늘어나면서 생긴 가슴 아픈 현상이기 때문이다. 흔히 '실업은 테러보다 무섭다'고 하는데 이를 반영하듯 전 세계가 하나같이 원하는 것은 바로 양질의 일자리다. 다시 말해 70억 인류가 가장 바라는 것은 자유나 평화, 민주주의 같은 고상한 가치가 아니라 생계를 담보해줄 '일자리'라는 얘기다.

현재 한국의 젊은이들은 단군 이래 최고의 능력과 최고의 스펙, 건전한 정신을 갖춘 세대로 불린다. 그럼에도 불구하고 이들은 사상 최악의 일자리 부족에 시달리고 있다. 540만 명의 청년 중 160만 명이 일자리가 없어서 놀고 있다면 이는 사회가 감당할 수 있는 수준을 넘어서는 것이 아닌가? 어떤 말이 더 필요한가?

한국은행이 발표한 통계는 학력을 기준으로 한 한국 노동시장의 '괜찮은 일자리(Decent Job)' 수급 상황을 잘 보여준다.

1997년 외환위기 직전, 업계 평균 임금 이상의 좋은 일자리는 530만 개였다. 그리고 전문대졸 이상으로 노동시장에 진입하려는 근로자나 졸업예정자는 약 495만 명이었다. 이는 웬만한 능력을 갖춘 젊은이라면 누구나 쉽게 괜찮은 일자리를 찾을 수 있었다는 의미다.

이후 15년 동안 좋은 일자리는 아주 더디게 늘어났고 2012년 말에는 602만 개에 그쳤다. 반면 전문대졸 이상 젊은이는 1,050만 명에 이르렀다. 무려 440만 개 이상의 일자리가 부족했던 것이다. 수요와 공급의 법칙에 따라 젊은이들이 원하는 괜찮은 일자리를 얻는 것은 갈수록 '하늘의 별따기'가 되었다. 물론 지금은 모두가 아는 것처럼 더 열악한 상황이다.

사회 구조적으로 문제가 불거지는 상황에서는 어떠한 대책도 근본적인 해결책으로는 한계가 따른다. 사실 일자리는 기업과 민간 부문의 투자가 좌우한다. 투자 활성화와 일정 수준 이상의 성장이 있어야 일자리 창출력이 높아져 청년 일자리 문제를 해결할 수 있는 것이다.

그런데 유감스럽게도 국가 경제가 양질의 일자리를 창출하지 못하면서 한국은 성장 동력마저 점점 힘을 잃고 있다. 그 결과 만성적인 청년실업 문제가 세대 간 갈등으로 번지는 한편, 젊은이들은 '잃어버린 세대'로 전락하고 있다. 이런 상황에서 그들에게 판도라 상자에 갇혀 있는 '희망'을 꺼내주려면 어떻게 해야 할까?

먼저 알아야 하는 것은 현재를 살아가는 세대만 유난히 경제적 위기상황을 더 심하게 겪는 것은 아니라는 점이다. 경제위기는 20년, 10년 전에도 있었고 앞으로도 닥칠 것이다. 분명한 것은 오늘의 역경을 내일의 축복을 위한 디딤돌이라 여기고 도전하면 새로운 기회와 미래가 열리지만 좌절하고 포기하면 기회와 미래는 영원히 오지 않는다는 사실이다.

특히 젊은이들이 원하는 일자리를 창출하기 위해서는 창조적 파괴를 바탕으로 기업가 정신을 적극 길러야 한다. 창조적 파괴란 편안한 것, 익숙한 것을 떠나 역발상을 즐기는 것을 말한다. 지금까지 인류 역사는 기존 질서의 파괴자이자 새로운 질서 창조자인 창조적 파괴자들이 이끌어왔다.

오늘날 '창조적 파괴자의 집단'으로 알려진 구글에서는 10퍼센트 개선이 아닌 10배의 혁신에 도전하는 급진적 업무 방식을 택하고 있는데, 이를 소위 '문샷 싱킹(Moonshot Thinking)'이라고 부른다. 이것은 단순히 생각하는 단계에 머물지 않고 곧바로 실행하는 능력, 불가능해 보이는 혁신적 사고를 현실화하는 것을 의미한다.

　이 책의 주요 주제, 즉 일자리 창출 패러다임을 구직(求職)이 아니라 '스스로를 고용하는' 창직(創職 : Job Creation)으로 바꾸자는 것 역시 접근 원리는 같다. 이것은 직업에 대한 지금까지의 사고를 근본적으로 바꾸는 창조적 파괴를 바탕으로 한다.

　하지만 아무리 좋은 생각을 해도 발상의 전환만으로는 아무 일도 일어나지 않는다. 혁신적인 생각을 행동으로 구체화해야 그에 상응하는 결과를 얻는 법이다. 그때서야 비로소 그 생각이 참된 의미와 가치를 지닌다.

　과거에는 약간의 자본금을 투자해 스스로 열심히 노력하면 계층 간 이동이 가능했으나, 지금은 필요한 자본금의 규모가 거대해졌고 또, 한 개인의 노력만으로 부를 형성하기가 어려운 구조로 바뀌었다.

　가령 지금은 청년이 스스로의 힘으로 내 집을 마련하는 것은 꿈같은 일이다. 오히려 금수저, 흙수저라는 자조 섞인 푸념이 보여주듯 부익부 빈익빈 현상의 고착화로 우리 사회는 점점 희망을 잃어가고 있다. 취업난과 생활고에 지친 청년들 사이에 좌절을 넘어 '되고 싶은 것도, 하고 싶은 것도 없다'는 포기 문화가 급속히 번지는 현실이 그것을 잘 보여준다.

이런 상황에서는 일자리를 구하려는 구직이 아니라 나눔과 창조를 바탕으로 스스로를 고용하는 창직이 좋은 대안이다. 이미 일자리 창출 패러다임은 구직에서 창직으로 서서히 바뀌고 있다.

이 책을 읽고 독자 여러분이 바라던 일에 필요한 아이디어를 얻는다면 더 이상 바랄 것이 없겠다. 독자 여러분의 아낌없는 충고와 성원을 바란다.

2016. 7. 15

김 정 수

Contents

Contents

Contents

과거에는 약간의 자본금과 노력만으로도 계층 간 이동이 가능했지만 지금은 한 개인의 노력만으로는 부(富)의 형성이 어려운 구조가 됐다. 청년 스스로의 힘만으로는 내 집을 마련하기조차 어려운 구조가 된 것이다.

그 결과 '금수저, 흙수저'로 대변되는 부익부 빈익빈 현상의 고착화가 결국 우리 사회를 희망이 없는 곳으로 몰아가고 있다. 취업난과 생활고에 지친 청년들 사이에서는 '되고 싶은 것도, 하고 싶은 것도 없다'는 좌절을 넘어선 포기 문화가 급속히 번지면서 점점 악성화하고 있는 것이다.

이런 경제 상황에서는 일자리를 구하려는 구직(求職)이 아니라 나눔과 창조를 바탕으로 '스스로를 고용' 하는 창직(創職 : Job Creation)이 좋은 대안이 될 수 있다. 대안으로만 제시되는 것이 아니라 실제로 일자리 창출 패러다임이 구직에서 창직으로 바뀌고 있는 것이다

제1장

창직(創職)의 시대가 왔다

이제는 **구직**이 아니라 **창직**이다

사람은 누구나 더 나은 미래를 꿈꾸며 살아간다. 사람들이 열심히 경제활동을 하고 꾸준히 자기계발도 하는 이유가 바로 여기에 있다. 그렇다면 미래는 우리가 더 나은 내일을 꿈꾸며 노력하는 만큼 찬란할까?

안타깝게도 우리 주위에서 희망을 얘기하는 사람들은 점점 줄어들고 있다. 반대로 갈등의 언어를 쏟아내며 힘들다고 포기하는 사람들은 늘어나고 있다. 여기에다 많은 사람들이 자신을 돌아보는 것이 아니라 남 탓을 당연시한다.

장기간 이어져온 불황으로 경쟁은 더욱 치열해지고 개개인의 입장에서 취업 경쟁은 거의 전쟁 수준이 되어버렸다. 국제 경제

환경이 만만치 않다 보니 기업 역시 수출은 막히고 내수는 회복 기미가 보이지 않아 매우 어려운 상황이다.

특히 미래 사회를 이끌어갈 젊은이들의 고민이 깊어지는 상황에서 대안 마련이 쉽지 않아 우리의 미래가 그리 밝아 보이지 않는다. 저성장 시대를 맞아 일자리는 줄어들고 부의 세습은 쉬워지자 절망과 당혹감에 빠진 젊은 세대는 급기야 물려받을 재산으로 사람을 등급화하는 수저계급론을 만들어냈다.

그뿐 아니라 연애, 결혼, 출산을 포기한 '삼포(三抛)세대'를 시작으로 여기에 내 집 마련과 인간관계 포기를 더한 '오포세대'라는 말이 나오더니 꿈과 희망을 비롯해 포기할 게 너무 많다는 의미로 'N포 세대'라는 말이 등장하기에 이르렀다.

젊은이들 사이에 떠도는 '헬조선'이라는 용어도 불편하기는 마찬가지다. 이 말은 헬(Hell, 지옥)과 조선(망한 나라)을 조합한 것으로 한국은 지옥 혹은 망해버린 조선과 같은 나라라는 의미다.

2015년 말 〈경향신문〉이 20∼34세 청년들을 대상으로 '이생망을 생각해본 적 있느냐'는 질문을 했더니 413명(41.3퍼센트)이 '그렇다'고 응답했다. 이생망이란 '이번 생은 망했다'는 말의 축약어로 젊은이들이 내세나 환생을 꿈꾸는 사람들이 쓸 법한 말을 입에 담는 현상은 그들의 절망감을 고스란히 보여준다.

왜 이생망 내지 헬조선 정서가 확산되고 있는 것일까?

이것은 우리 사회가 겪는 각종 사회 문제에서 비롯된 일이다. 그중에서도 가장 대표적인 문제는 양질의 일자리 부족이다. 일자리는 단순히 생계유지 수단에 불과한 것이 아니라 개인에게는 소속감과 정체성을 부여하고 사회적으로는 발전의 원동력이다.

실망스럽게도 젊은 층을 '실업 세대(Generation Jobless)'로 불러도 될 만큼 오늘날 취업 문제는 심각한 수준에 이르러 있다. 심지어 이들은 단군 이래 최고의 능력과 스펙을 갖췄으면서도 '부모보다 가난한 최초의 세대'라는 평가를 받고 있다. 과연 우리는 이 문제를 어떻게 풀어가야 할까?

▎저성장이 당연한 뉴노멀시대

금년 미국 대통령 선거에서는 재미있는 현상이 등장하고 있다. 부동산 재벌인 도널드 트럼프(D. Trump)가 대통령 자리를 노리고 있는 것이다. 미국 주류 정치에서 아웃사이더에 속하는 그를 열열이 지지함으로서 일명 '트럼프 현상'으로까지 불리는 신드롬을 만들어 내고 있는 세력은 바로 백인 빈곤층이다. 이념상으로는 보수적이고 경제적으로는 서민층인 백인 유권자들의 분노가 이런 예기치 못한 상황을 빚어낸 것이다.

빈곤층이 부동산 '재벌'을 지지하는 이 모순적인 상황이 벌어지는 이유는 뭘까?

그것은 지금까지 미국 사회를 건강하게 지탱해온 중산층이 몰락한 탓이다. 2008년 서브프라임 모기지(Sub-Prime Mortgage: 신용등급이 낮은 저소득층을 상대로 한 미국의 비우량 주택담보대출) 사태가 발생한 이후 미국의 금융기관들은 연체한 채무자들을 가차 없이 집에서 내쫓았고 수많은 중산층이 하루아침에 빈곤층으로 전락하고 말았다.

한국의 상황도 암울하기는 마찬가지다. 2016년 현재 한국의 가계부채는 이미 1,200조 원을 넘어섰는데, 이는 평균적인 가정이 1년 6개월 치 소득을 전부 쏟아 부어야 갚을 수 있는 액수다. 특히 경기 침체에 따른 상시적인 구조조정과 베이비부머 세대 은퇴자가 점점 늘어나고 있는 상황에서 이는 엄청난 부담이다.

더욱이 한국은 상위 10퍼센트에 속하는 고소득층도 이자나 임대소득으로 버는 재산소득이 전체 소득의 5퍼센트에도 미치지 못한다. 이 말은 괜찮은 연봉을 받던 중산층도 직업을 잃으면 곧장 빈곤층으로 전락할 가능성이 크다는 얘기다. 여기에다 대출을 받아 구입한 집값마저 떨어지면 미국의 중산층을 무너뜨린 현상이 한국에도 얼마든지 발생할 수 있다.

이를 예측이나 한 듯 세계경제포럼(WEF, World Economic Forum, 다보스 포럼)의 클라우스 슈바프(Kaus Schwab) 회장은 세계경제의 저성장으로 사회 통합이 어려워지고 빈부격차도 확대될 것이라고 진단했다.

"세계 경제는 한때 연평균 5퍼센트씩 성장했지만 이제는 3퍼센트대 저성장이 당연한 뉴노멀(New Normal: 시대 변화로 생겨난 새로운 기준 혹은 표준. 2008년 글로벌 경제위기 이후 부상한 새로운 경제 질서를 뜻한다) 시대가 되었습니다. 그 여파로 사회 통합이 어려워지고 빈부격차도 확대될 것입니다."

경제협력개발기구(OECD)에 따르면 한국의 2016년 1분기 청년실업률은 10.9퍼센트, 체감실업률은 11.3퍼센트에 달한다. 이는 청년 열 명 중 한 명이 실업자라는 얘기인데 비정규직 등을 포함한 체감실업률을 보면 30퍼센트를 훌쩍 뛰어넘는 기록적인 수준이다. '잃어버린 20년'을 겪은 일본이 2013년 청년실업률 6.9퍼센트를 기록하다가 이후 계속 감소한 사례를 보면 한국이 더 악성인 셈이다.

"새로운 세대가 미래에 대해 그 이전 세대보다 더 확신하지 못하는 상황은 역사상 처음일 것"이라는 EU 집행위원장 조제 마누엘(José Manuel)의 말에 공감이 가는 이유가 여기에 있다. 이것은 이전 세대가 걸어온 '좋은 학교 → 좋은 회사 → 좋은 인생' 사이클이 요즘의 젊은 층에게는 더 이상 유효하지 않다는 의미다.

최근 이세돌과의 대결로 주목을 끈 인공지능(AI) 알파고의 위력도 커다란 충격이다. 앞으로 인공지능 발달로 일자리가 더 사라지리라는 불안감을 안겨주기 때문이다. 이를 증명이라도 하듯 가장 보수적인 집단인 법원의 수장 양승태 대법원장마저 "인공지능 시대에는 법률가가 가장 먼저 사라질 것"이라고 경고하고 나섰다. 그는 일선의 중견 판사를 대상으로 한 특강에서 2016년 1월의 다보스 포럼 내용을 인용하며 이렇게 강조했다.

"인공지능, 로봇 등이 보편화되는 4차 산업혁명 시대에 판사를 비롯한 법률 관련 종사자는 인공지능으로 대체될 직업군으로 분류됐다. 사법부도 변해야한다."

이유가 무엇이든 청년층 사이에 회자되는 금·흙수저 계급론과 N포 세대 현상은 지금까지 우리 사회를 지탱해온 '계층 상승의 희망' 혹은 '희망의 사다리'가 무너지고 있음을 보여준다.

실제로 부모의 직업과 계층이 자녀에게 그대로 대물림되는 현상이 두드러지면서 사회적 역동성은 갈수록 줄어들고 있다. 부모의 사회·경제적 지위가 자녀의 임금에 미치는 영향력도 갈수록 확대되고 있다.

산업화 세대의 임금에 가장 큰 영향을 미친 것은 자신의 학력이었으며 부모의 학력은 영향을 주지 않았다. 민주화 세대에는 부모의 학력이 영향을 미치긴 했어도 여전히 자신의 학력이 높으면 임금도 더 높았다. 그러나 정보화 세대는 부모의 학력과 어린 시절의 경제적 계층 및 상속 등이 임금에 영향을 주고 자신의 학력은 크게 영향을 미치지 않는다.

이것이 현실이다 보니 N포 세대, 이생망, 헬조선 등이 큰 공감을 얻고 있는 것이다. 물론 이것은 일부의 절망을 대변하는 것이지만 단순한 반항이나 불만 수준을 넘어 사회, 국가, 기성세대를 향한 적대감을 포함하고 있다. 다시 말해 그저 젊은이들의 치기 어린 행동이 아니라 심각한 수준이다.

걱정스럽고 안 된 얘기지만 산업 환경이 급속히 바뀌고 기업과 사회가 더 이상 양질의 일자리를 만들어내지 못하는 한 이러한 기조는 계속될 전망이다.

▌비빌 언덕 없는 N포 세대, 부(富) 축적은?

2016년 1월 제46차 다보스 포럼에서는 '4차 산업혁명'으로 로봇이 사람의 일자리를 대거 대체하기 시작하면 전 세계 일자리가 급격히 사라질 것이라는 경고가 나왔다. 미래에는 기계가 점차 인간과 비슷한 인지 능력을 갖추면서 결국 인공지능이 사람의 일을 모두 대신한다는 말이다.

인공지능은 우리의 일자리를 얼마나 잠식할까? 어떤 사람은 사람의 직업 중 90퍼센트가 사라질 것이라고 내다본다. 물론 인공지능은 본질적으로 사람을 대신해 세상의 얽히고설킨 복잡한 정보를 간추려주는 정보검색 기능을 하므로 이를 잘 활용하면

당면 문제를 쉽게 해결하는 한편 새로운 아이디어를 발굴하기가 용이하다. 그러나 인공지능이 사람의 일자리를 잠식한다는 사실은 상당히 우려스런 일이다.

다보스 포럼에서 발표한 〈미래고용보고서〉에 따르면 로봇과 인공지능 활용이 확산되면서 앞으로 5년간 전 세계적으로 일자리 700만 개가 사라질 것이라고 한다. 이 보고서는 4차 산업혁명으로 새로운 직업도 210만 개 정도 생겨나므로 결국 500만 개의 일자리가 감소할 것이라고 전망한다.

2016년 3월 16일 통계청이 발표한 '2월 고용동향'에 따르면 15~29세 청년층 실업률이 12.5퍼센트로 전 연령대 실업률(4.9퍼센트)을 두 배 이상 웃돌았다고 한다. 이는 OECD 평균을 뛰어넘는 결과로 1999년 통계기준 변경 이후 12퍼센트 대까지 치솟은 것은 처음이다.

공식적인 실업자로 분류하지 않는 고시생, 니트(Neet)족 등을 포함할 경우 실제 청년층 실업자는 더 늘어난다. 운 좋게 직장에 들어가도 부를 축적하는 길은 요원해 보인다. 주택의 경우 부모의 도움 없이 스스로 매입하는 것이 현실적으로 매우 어렵다.

최근 통계청이 발표한 자료에 따르면 서울지역 아파트 평균 매매가격은 5억 5,123만 원이다. 이는 평균적인 직장인이 매달 월급을 모아 서울 시내에서 아파트를 마련하려면 20년 이상이 걸린다는 의미다.

몇 십 년이 걸려도 자기 힘으로 서울에서 집 한 채 살 수 없는 상황은 상식적으로 말이 되지 않는다. 현실이 이러니 젊은 층이 3포, 5포, N포를 부르짖으며 분통을 터트리는 것은 당연한 일이 아닌가.

이처럼 사회 구조적인 문제 앞에서 젊은 세대는 더 많은 노력을 요구하는 기성세대에게 '더 많은 노오오오력(노력보다 더 큰 노력을 뜻하는 역설적 표현)'이라는 신조어로 불만을 털어놓고 있다.

이러한 현상에 주목한 국민대통합위원회는 〈한국형 사회 갈등 실태 진단 보고서〉에서 우리 사회에 "희망은 사라지고 좌절과 포기의 정서가 널리 확산되고 있다"라고 경고했다.

한국 경제가 폭발적으로 성장하던 시절에는 젊은 세대 사이에 전반적으로 '할 수 있다. 하면 된다'는 분위기가 팽배했으나 불과 30~40년 만에 상황은 180도로 달라졌다.

가장 혼자 벌어 가족 전체가 먹고살던 시절과 달리 지금은 맞벌이를 해도 가정 경제에 적자가 나기 십상이고 젊은 층이 자력으로 내 집을 마련하는 것은 꿈같은 일이 되어버렸다.

결과적으로 취업난과 생활고에 지친 청년들 사이에서는 좌절을 넘어 포기 문화가 급속히 번져 나가고 있다. 비단 젊은 세대에게만 포기 문화가 퍼지고 있는 것은 아니다. 국민대통합위원회 연구진이 성인 105명을 상대로 심층 면접한 결과 '포기'의 정서는 기성세대에게도 빠른 속도로 퍼지고 있었다.

쉽게 말해 우리 사회의 허리에 해당하는 4050세대 역시 생존 경쟁에서 '살아남아야 한다'는 생각과 미래에 대한 불안감으로 매우 지쳐 있는 상태다. 이들은 '열심히 노력하면 부자가 될 수 있다', '자녀만큼은 풍요롭게 키우겠다', '자녀에게 재산을 물려주겠다' 등의 희망적인 얘기를 하고는 있지만 현실이 그리 녹록치 않다는 사실을 인정했다.

문제는 포기 문화 확산이 국가에 심각한 영향을 미친다는 데 있다. 특히 일본의 '사토리(달관) 세대', 즉 사회·경제적 성공을 포기한 젊은 세대와 현재의 우리 모습이 빠르게 닮아간다는 점에서 문제의 심각성이 크다.

일본에서 포기 사회의 극단적 형태인 사토리 세대가 미래를 어둡게 만드는 존재로 떠오른 것은 오래전의 일이다. 안타깝게도 우리가 그 전철을 밟고 있는 것이다.

그 결과 '자수성가'나 '개천에서 용 난다'는 말이 의미가 있던 시절은 이미 지나갔다. 오히려 "아무리 열심히 노력해도 절대 잘살 수 없다. 열심히 노력하면 그저 먹고사는 정도에 불과할 뿐 절대 부자로는 못 산다"는 푸념이 더 호소력이 있을 정도다.

그러면 가진 것 없고 특별히 비빌 언덕도 없는 N포 세대는 어찌해야 할까?

▍전 세계 일자리 절반 이상이 사라진다

영국 옥스퍼드 대학 연구팀은 2015년 〈고용의 미래, 우리 직업은 컴퓨터에 얼마나 민감한가〉라는 보고서에서 "자동화와 기술 발전으로 20년 안에 인간이 해온 일의 절반 정도를 기계에 빼앗길 수 있다"라고 발표했다.

그리고 최근 열린 미국 과학진흥협회(AAAS) 연례회의에서는 "지금 우리는 기계가 모든 분야에서 인간보다 훌륭한 성과를 내는 시대를 목격하고 있다. 향후 30년 내에 인공지능이 전 세계 일자리의 절반 이상을 잠식할 것이다"라는 경고가 나왔다.

특히 옥스퍼드 대학의 마이클 오스본(Michael Osborn) 교수는 "앞으로 10~20년 후 미국의 702가지 일 가운데 47퍼센트가 자동화할 가능성이 크다"라고 밝혔다. 예를 들어 구글 카 같은 무인자동차가 확산되면 택시와 트럭 운전기사가 실업자로 전락한다는 얘기다. 로봇이 인간의 일을 장악하면서 대량 실업자가 양산된다는 것은 상상만으로도 끔찍한 일이다.

미래학자 앨빈 토플러(Alvin Toffler)가 말했듯 그동안 인류는 세 번의 거대한 혁명을 경험했다. 농업혁명, 산업혁명 그리고 정보화혁명이 그것이다. 농업혁명은 인간의 입을 해결했고 산업혁명은 인간의 팔다리를 대신한 동력혁명이었으며 정보화혁명은 인간의 머리를 대신했다.

최근에는 우리가 아직 경험해보지 못한 새로운 흐름이 전개되고 있는데 이는 과거의 그 어떤 것보다 광범위하고 거대하다. 그것을 나름대로 정의해 본다면 '감성혁명' 쯤이 될 것 같다. 고독한 인간의 변덕스러운 마음을 대신하는 혁명이다.

굳이 경제학자의 입을 빌리지 않아도 경제발전 단계에서 산업의 부침이 급류를 탄다는 것은 많은 사람이 알고 있다. 한국의 경우 중화학공업 육성을 목적으로 경제개발 5개년 계획을 시작한 1960년대에 이공계 최고 인기학과는 단연 화학공학과였다.

1970년대에는 중동 건설 붐에 힘입어 기계와 건축공학과가 선두로 떠올랐고, 1980년대에는 IT산업이 태동하면서 전자공학과가 정상에 올랐다. 1990년대에는 컴퓨터공학과가 인기였고 2000년대 이후에는 의예과가 커트라인 1위였다.

하지만 세계화에 이어 로봇화(Robotization)가 일자리를 잠식하면서 과학기술과 경제·고용의 관계에 대한 기본 전제가 흔들린 지 이미 오래다. 어쩌면 모든 일을 로봇이 해주는 시대, 일은 정말로 하고 싶어 하는 사람만 하는 세계가 펼쳐질지도 모른다.

어찌되었든 도래하는 4차 산업혁명의 핵심 경쟁요소는 소프트웨어(SW)다. 인공지능, 빅데이터, 3D 프린팅, 무인자동차, 사물인터넷(IoT), 로봇, 바이오, 드론, 초음속철도 등 수많은 것이 소프트웨어를 필요로 한다.

그럼에도 불구하고 한국에서 500대 기업 순위에 단 하나의 기업도 끼지 못한 유일한 분야가 바로 소프트웨어 산업이다. IT와 금융이 결합한 핀테크(Fin-Tech) 돌풍이 현금의 종말을 예고하고 4차 산업혁명의 흐름 속에서 전 세계적으로 급박하게 비밀병기가 속속 생겨나는 상황에서 말이다.

평범한 사람은 들어도 잘 모르는 빅 데이타 정보분석, 인공지능과 센서, 3D프린터, 드론, 사물인터넷 등 기술혁신이 상전벽해처럼 전개됨으로 많은 직업은 영향을 받을 수밖에 없다. 결국 알고리즘·빅데이터·롱테일 어쩌구 하는 '불편한' 용어들을 외면하던 사람들에게도 더 이상의 무관심은 용인이 안 되는 세상이 된 것이다.

결국 인공지능 발달로 안전지대가 사라진 지금 우리는 대량 실업에 대비해 새로운 경제 패러다임을 세워야 한다. 특히 자동화에 취약한 일반 사무직, 콜센터 직원, 자동차 세일즈맨, 호텔 직원, 도서관 사서, 부동산중개인, 할인점 계산원 등의 직업이 직격탄을 맞을 확률이 높다.

슈퍼컴퓨터가 엄청난 양의 데이터를 처리하면서 행정, 법무, 금융, 교육은 물론 산업 현장의 비일상적인 작업이 일상화할 가능성도 크다. 그 영향으로 현재의 어린이가 성인이 되는 20년 후의 사회적 성공 기준은 완전히 달라질 전망이다. 그리되면 심지어 공무원, 판검사, 변호사, 법관, 외교관, 회계사 등 현재 부와 명예를 거머쥔 직업도 벼랑 끝으로 내몰릴 것이다.

미래에도 사라지지 않고 존속하게 될 직업은 무엇일까?

옥스퍼드 대학의 연구진에 따르면 미국인의 직업 중 '매우 창의적'으로 분류되는 직업은 21퍼센트에 불과하다고 한다. 대표적으로 웹디자이너, 건축가, IT 전문가가 꼽히며 영화감독 · TV 프로듀서 · 공연예술가 등도 자동화 가능성이 낮은 직종이다.

물론 성직자, 의사, 산업 디자이너, 자연과학 연구자, 음악 및 미술 치료사, 큐레이터 등의 직업도 기계나 컴퓨터가 대체할 수 없는 창의성과 감수성을 필요로 한다. 또 미래의 농업은 '기술혁신과 융합하면서 가장 멋진 직업으로 거듭날 것'이라는 예상도 있다.

육체노동자뿐 아니라 변호사, 교수, 기자, 애널리스트처럼 소위 정신노동을 하는 전문가도 알파고 · 자율주행차 · 드론의 세계에서는 모두 바람 앞의 촛불 신세다. 이미 소프트웨어는 에세이 형식의 시험 채점에서 대학교수 못지않게 잘하고 있다.

또한 인공지능은 중요한 것과 재미있는 것을 자기 나름대로 판별해 독자의 입맛에 맞는 기사를 쓰고 있다. 심지어 어떤 공격적인 미래 예측서는 10년 내에 인공지능이 작성한 기사 비중이 90퍼센트에 이를 것이라고 전망한다.

미국의 재무장관을 역임한 래리 서머스(Larry Summers) 하버드 대학 교수는 최근 〈이코노미스트〉와의 인터뷰에서 구조적 대량실업을 경고했다.

"1960년대에는 25~54세 미국인 남성 스무 명 가운데 한 명 꼴로 직업이 없었지만 이제 10년 내에 일곱 명 중 한 명꼴로 직업이 없을 것이다."

미래학자 토마스 프레이(Thomas Frey)도 "앞으로 15년 안에 20억 명의 일자리가 사라지고 5년 안에 전체 직장인의 약 40퍼센트가 프리랜서, 시간제 근로자, 1인 기업 등 기존의 근로 시스템과는 다른 형태로 일할 것"이라고 전망했다.

이런 상황에서 가장 염려스러운 사항은 두 가지다. 하나는 소득계층별 부의 불평등 심화이고 다른 하나는 대량 실업 문제다. 당황스럽지만 인공지능을 탑재한 로봇은 심지어 성매매 여성의 영역까지 넘보고 있다고 하며 다음 세대는 로봇 상사에게 결재를 받아야 할지도 모른다는 얘기까지 나오고 있다.

지금까지 살펴 본 내용만으로도 비용 절감을 위해 사람을 기계로 대체해온 결과 시장경제는 서서히 자멸의 길로 나아가고 있으며 인류의 삶 전반에 엄청난 영향을 주고 있는 것이다.

▌**스스로를** 고용하는 **시대가** 되었다

흔히 '평생직장의 시대가 가고 평생직업의 시대가 왔다'고 하지만, 이 명제가 타당한지는 좀 더 생각해봐야 한다. 평생직장은 정말 사라졌을까? 평생직업은 진정 우리가 새롭게 주목해야 할 가치일까? 혹시 이것은 우리가 막연하게 '그렇다'고 믿는 고정관념의 산물이 아닐까?

여기서 평생이란 '죽을 때까지'라는 의미가 아니다. 사실 자기 사업체가 아니면 종신토록 일하게 해준 회사는 과거에도 없었다. '평생'은 그저 일반적으로 이해하는 은퇴 연령을 뜻할 뿐이다.

아무튼 흔히 말하는 평생직장이 줄어들고 있는 것만은 분명한 사실이다. 이는 기업 자체에 직원들의 평생고용을 보장할 만한 능력이 없기도 하거니와 '더 싼 값에', '더 나은 능력으로' 일하려는 인력이 풍부해져 기업이 굳이 직원들에게 평생직장을 약속하지 않아도 될 정도로 선택폭이 넓어졌기 때문이다.

고용위기의 배경은 일자리 창출에서 엔진 역할을 하던 '성장'에 종말론이 퍼지고 자본주의의 위기설이 등장한 데 있다. 성장은 노동인구와 생산성 증가(기술 개발)의 함수로 설명할 수 있는데, 이 두 가지 요소의 증가 속도가 오늘날 현저히 느려지고 있다.

"미래 50년은 과거 50년에 비해 성장률이 40퍼센트나 더 낮을 것이다."

증가 속도의 둔화를 뒷받침하는 세계적인 컨설팅업체 맥킨지의 비관적인 전망인데 그나마 남은 일자리마저 로봇과 인공지능이 잠식하고 설상가상으로 대공황 이후 처음으로 전 세계 무역이 감소하면서 한국 같은 신흥공업국은 더욱더 고전을 면치 못하고 있다.

이런 상황, 즉 지금처럼 자본주의가 제대로 작동하지 않는 현실에서는 일자리를 구하는 구직이 아니라 나눔과 창조를 바탕으로 '스스로를 고용하는' 창직이 가장 좋은 대안이다. 아니, 실제로 일자리 창출 패러다임은 구직에서 창직으로 바뀌고 있다.

현재 한국의 청년실업 문제는 '의자 빼앗기 게임'이나 다름없다. 문제의 핵심은 일하려는 사람은 많은데 일자리가 부족하다는 점이다. 청년실업 문제를 해결하려면 일할 의사가 있는 모든 청년에게 일자리를 주지 못하는 사회 시스템을 근본적으로 바꿔야 한다. 구직 중심의 시스템을 스스로를 고용하는 창직 시스템으로 말이다.

자본력과 생산시설을 기반으로 하는 산업사회에서는 '기업가정신'이 곧 사업화의 강력한 추진력이었다. 그러나 정보화 사회에서는 개인의 전문성이 사업화를 위한 밑바탕이므로 자기 전문성과 경쟁력으로 스스로를 고용해야 한다.

이는 기존의 일자리에 들어가기보다 스스로 새로운 일자리를 발굴하는 것을 의미한다. 즉, 이것은 개인이 직접 이전에 없던 직종을 만들어 1인 기업가가 되어야 한다는 논리다.

2000년 이전 지식경제사회가 등장하면서 경제 패러다임이 감성, 상상력, 창의성을 강조하는 창조경제(Creative Economy)로 바뀌었다. 정부가 제시하는 '1인 창조 기업'에서의 창조도 구직이 아닌 창직(創職)을 유도하고 있다. 여기서 주의할 점은 1인 기업을 프리에이전트(또는 프리랜서)와 혼동하지 말아야 한다는 것이다.

프리에이전트란 자신이 하나의 사업체로서 타인을 위해 장·단기적으로 일을 해주고 생계비를 버는 사람을 말한다. 반면 1인 기업은 자신이 구축한 사업모델을 바탕으로 '지속적인' 수익을 올리는 형태를 뜻한다. 가령 사업모델이 없는 1인 사업체는 그저 장사나 다름없다. 쉽게 말해 가게 문을 닫으면 손님이 오지 않는 경우는 장사고, 문을 닫고 있어도 손님이 찾아오고 수입이 발생하면 1인 기업이다.

최근 전 세계적인 비즈니스 트렌드는 아웃소싱의 일반화와 인터넷 기반 네트워크 및 커뮤니티를 강조하는 것이다. 한마디로 1인 기업이 각광받을 수 있는 환경이다. 이를 바탕으로 창직 트렌드가 하나의 열풍 수준인데 미국 중소기업청 통계에 따르면 현재 미국 전체 기업의 약 75퍼센트가 1인 기업으로 추산되고 있다. 대기업에서 중소기업을 넘어 1인기업으로 가는 흐름이다.

독일은 통일 이후 동독 지역의 높은 실업률이 서독 경제에 부담으로 작용할 것을 염려해 일명 '하르츠 법안'이라는 '1인 기업 활성화(ICH-AG) 프로그램'을 운영하고 있다. 이처럼 스스로를 고용하는 창직은 이미 오래전부터 일자리 창출 대안으로 주목을 받아왔다.

▎창직은 **직업을** 스스로 **만드는** 것이다

1인 기업이란 무엇일까? 혼자 일하면 1인 기업일까? 현대경영의 창시자로 불리는 미국의 경영학자 톰 피터스(Tom Peters)는 1983년 '전문 서비스 기업(Professional Service Firm)'이라는 개념으로 1인 기업을 처음 소개했다.

이 개념은 경영학의 신조류를 타고 한국에 들어왔는데 당시 '자기 스스로를 고용하는 형태' 쯤으로 정의했다. 예를 들어 일반회사는 기획을 비롯해 마케팅, 홍보, 영업 등 모든 단계를 세분화해 각각의 사원에게 역할을 나눠주지만 1인 기업은 모든 것을 처음부터 끝까지 혼자 해내는 것을 말한다.

예전에는 이런 일이 불가능했으나 IT 기술 등 많은 도구의 도움을 받는 지금은 1인 기업이 가능한 환경이 충분히 조성되어 있다. 이미 미국과 독일 같은 선진국에서는 1인 기업이 큰 활약을 펼치고 있고 한국도 그러한 트렌드의 영향을 받고 있다.

1인 기업에는 어떤 종류가 있을까?

1인 창조기업협회 등에서는 여러 가지 유형으로 분류하지만 사실 1인 기업의 종류는 거의 무한하다. 예를 들어 블로그를 통해 자신만의 취미나 특기, 재능을 표현하는 것으로도 1인 기업이 될 수 있다. 그 외에도 스스로 할 수 있는 일은 무궁무진하다.

여하튼 1인 기업을 바탕으로 한 창직은 직업과 일자리를 자기 주도적으로 개척하는 활동을 의미한다. 나아가 이것은 자신의 능력과 적성을 중심으로 다음과 같이 정의할 수 있다.

'창직은 새로운 경제와 고용 패러다임을 바탕으로 사회적 네트워크를 적극 활용해 직접 일자리를 만듦으로써 스스로를 고용하는 창조적인 경영활동이다.'

고용노동부는 창직을 창업과 구분해 '새로운 직업을 처음 만들거나 만족스런 일자리를 스스로 마련하는 21세기 트렌드로 창업과 구직이라는 이분법적 정책을 보완하는 개념'으로 소개하고 있다.

설명이 어떻든 창직의 과정은 평생직장이 아니라 평생직업을 찾는 것으로 자발적인 직무개발 및 직업개발 활동이자 자기고용 과정이다. 결국 창직은 '자신의 재능과 아이디어를 혁신적으로 개발해 새로운 부가가치를 창출함으로써 새로운 직종을 발굴하고 자기 주도적으로 일자리를 창출하는 것'이 가장 근접한 의미일 것이다.

다시 말해 창직은 기존의 노동시장 일자리에 진입하지 않고 개인이 지식, 기술, 능력, 흥미, 적성 등을 활용한 창조적인 아이디어와 활동을 통해 문화 · 예술 · IT · 농업 · 제조업 같은 다양한 분야에서 스스로 새로운 직업을 개발 혹은 발굴해 일자리를 창출하는 것이다.

창직을 하려면 지속가능한 기업을 일구기 위해 안정적인 아웃소싱 네트워크를 가동해야 한다. 즉, 1인 기업이라고 해서 반드시 혼자서만 일하는 것은 아니므로 분야별 전문가와 연계하는 것이 좋다.

또한 완전경쟁에 가까운 1인 기업 시장의 특성상 새로운 진입자를 이겨낼 만한 차별성이 있어야 하므로 처음에는 틈새시장 공략이 바람직하며 특히 시장을 세분화해 작고 특수한 아이템에 집중해야 한다.

무엇보다 1인 기업에 적합한 사업 규모를 찾아야 하며 설령 시장 규모가 커지더라도 대기업이 진입하기 어려운 시장이 바람직하다. 창직을 통한 1인 기업의 장점은 위험부담이 크지 않다는 데 있다. 기회형 창업이라 얼마든지 사업 방향을 바꿀 수 있고 실패를 하더라도 그 후유증이 오래가지 않는다.

자본주의 체제 안에서는 누구나 경제활동을 통해 생계를 유지하는데, 창업에 따른 위험부담이 과거보다 많이 줄어들면서 창업이 점점 보편화하고 있다. 그중에서도 창직을 통한 1인 기업은 일자리 창출 자체를 '구직에서 창직'으로 바꾸는 패러다임의 변화를 이끌고 있다. 더욱이 정책 부문까지 지원을 예정하고 있기 때문에 향후 성장 가능성이 매우 크다.

Chapter 02

뉴노멀 시대, 수저론 극복

사람은 돈을 얼마나 많이 벌어야 행복해할까?

한 조사에 따르면 한국인은 8,800만 원까지는 소득증가에 따라 만족도가 상승하지만 그 이후로는 소득이 늘어도 행복도에 큰 변화가 없다고 한다. 이 말은 월소득 700~800만 원일 때 가장 행복하다는 얘기다.

그런데 가족은 물건을 공유한다는 점 등을 고려해 8,800만 원에 가족구성원 수의 루트(√)값을 곱해 산출하면 2인 가구는 1억 2,445만 원, 4인 가구는 1억 7,600만 원이 포화점이다.

흥미로운 사실은 통계청이 발표한 2012년 기준 연간 평균 소득을 보면 1인 가구가 1,811만 원, 2인 가구는 3,418만 원, 4인 가구는 5,698만 원이라는 점이다. 이 조사 결과만 놓고 보면 우리는 행복감 포화점에 한참이나 미치지 못한다.

누구나 돈을 벌어 행복하게 살고 싶어 하지만 그게 말처럼 쉬운 일은 아니다. 그러다 보니 부자 집안에서 태어나지 못한 자신의 처지를 한탄하는 사람도 꽤 있다. 그러면서 잘 안 풀리는 자신의 처지를 사회 탓, 부모 탓, 조상 탓 등으로 돌리기도 한다.

한 연구에 따르면 미국, 중국, 일본 등 다른 나라 부호들은 대부분 창업을 통해 스스로 부를 축적한 반면 한국의 재벌은 상속형이 많다고 한다. 구체적으로 전 세계 억만장자 중 자수성가형이 미국은 71퍼센트, 중국은 97퍼센트에 달했지만 한국은 0퍼센트로 나타났다. 젊은 층의 수저계급론에 반박할 수 없는 이유가 바로 여기에 있다.

최근 젊은이들은 수저계급론을 통해 금, 은, 동, 흙으로 계급을 나눠 자신이 속한 계층을 구분한다. 조부모와 부모에게 물려받을 재산으로 사람을 등급화하는 바람직하지 않은 세태가 등장한 것이다. 이미 오래전부터 자녀 입시에 성공하려면 '할아버지의 재력, 아빠의 무관심, 엄마의 정보력'이 필요하다는 말이 있었는데, 여기에 더해 요즘에는 조부나 그 윗대부터 부유한 집안에서 태어나면 금수저라고 불린다.

왜 이런 자조 섞인 표현들이 등장한 것일까? 부(富)의 고착화로 아무리 노력해도 그 벽을 뛰어넘기 힘든 절망감을 그렇게 표현한 것은 아닐까? 만약 그렇다면 먼저 취업난을 해소하는 한편

계층 상승의 사다리를 복원해야 한다. 즉, 양질의 일자리로 일할 기회를 제공하는 것이 급선무다.

이를 위해서는 규제 완화를 비롯해 과거의 관행과 틀을 깨는 기업 투자환경 개선책이 필요하다. 나아가 대기업 신규 채용뿐 아니라 중소기업에서 중견기업으로, 중견기업에서 대기업으로 성장하는 사례가 크게 늘어나야 한다.

그런데 안타깝게도 무턱대고 정년만 연장해 '고용절벽'을 자초하는 것이 지금의 현실이다. 문제는 계속해서 뉴노멀이 등장하는 오늘날 이러한 현상이 크게 개선될 기미가 보이지 않는다는 데 있다. 끊임없이 변화하는 경제 상황을 요약할 수 있는 규칙은 없다는 가정아래 등장한 것이 뉴 노멀인데 지금의 현실이 꼭 이런 어려운 용어로 설명해야할 상황인 것이다.

▌뉴노멀, 새로운 기준이 일상화된 미래

부와 소득의 불평등을 연구해 세계적으로 유명해진 파리경제대학의 토마 피케티(Thomas Piketty) 교수는 《21세기 자본》에서 '부의 불평등 원인과 그 해결책'을 제시하고 있다.

가령 그는 서구 국가들의 300년간 세금 자료를 분석해 돈이 돈을 버는 자본수익률(R, Return to Wealth)이 경제성장률(G,

Growth Rate)보다 크다는 것을 밝혀냈다. 이는 노동의 대가인 임금이 '과거에 축적한 자본이 돈을 버는 속도'를 따라잡지 못한다는 뜻이다. 즉, 돈이 있는 사람이 돈을 더 잘 벌고 결과적으로 돈은 이미 돈이 있는 사람에게 집중된다는 논리다.

피케티 교수는 그 해결책으로 누진적 '글로벌 자본세'를 제안했다. 이는 자본 그 자체에 세금을 매기는 자본세를 의미한다. 다시 말해 대개 돈 많은 사람의 소비 씀씀이가 크다는 전제 아래 부의 재분배 요소로 활용하는 '소비세'처럼 자본 자체에 세금을 매기자는 말이다.

구체적으로 그는 부자에게 더 높은 세율을 부과하는 '누진세' 형태여야 하고, 부자들이 자본세가 없는 나라로 재산을 도피시키지 않도록 전 세계 국가가 이 제도를 도입해야 한다고 덧붙였다. 물론 어떤 정책에든 찬반론자가 있게 마련이므로 이 주장에 격한 반응을 보이는 사람도 있지만 일면 경청할 부분도 있다.

피케티 교수는 자본수익률이 경제성장률보다 높으면 부가 일부 상위층에 집중된다고 지적하는데, 실제로 부익부 빈익빈이 심화하는 오늘날 경제성장률은 점점 낮아지고 있다. 수저계급론도 문제의 핵심이 여기에 있다고 보는 피케티 교수의 주장과 일맥상통한다.

물론 한국 경제는 아직 성장 중이라 경제성장률이 자본수익률보다 높다는 점을 지적하는 사람도 많다. 가령 고려대 경영학과장하성 교수는 "한국 사회는 아직까지 시장경제를 제대로 해보지도 못했다"라고 지적하며 한국 내 불평등의 원인을 '개발 연대에 고착화된 성장 방식과 재벌 체제'에서 찾고 있다.

'경기가 어렵다'는 말은 늘 있었고 경기란 기본적으로 올라갔다 내려가기를 반복하는 것이 정상이지만, 특히 한국 경제는 1997년 외환위기 이후 좋았던 기억이 별로 없다. 더 큰 문제는 앞으로도 특별히 더 나아질 기미가 보이지 않는다는 점이다.

전 세계 경제성장률이 연간 3퍼센트에 달하고 한국의 경제성장률이 10퍼센트를 넘나들던 시절은 지나갔다. 이제는 '천천히 성장'하는 것이 표준(뉴노멀)인 시대가 된 것이다. 이 시점에서 냉정히 예측하건대 앞으로 길고 지루한 저성장 시대가 이어지고 상황은 점점 더 나빠질 것이다.

'뉴노멀'은 2003년 벤처캐피털리스트 로저 맥너미(Roger Mc-Namee)가 처음 제시하고 세계 최대 채권운용회사 핌코의 CEO인 모하메드 엘 에리언(Mohamed El-Erian)이 《새로운 부의 탄생》에서 금융위기 이후의 뉴노멀을 언급하면서 널리 퍼져 나갔다.

그가 말하는 뉴노멀이란 정부, 가계, 기업의 광범위한 부채 감축으로 나타나는 저성장 · 저소득 · 저수익률 등 3저 현상이 일상화되어 있고 그 자체가 새로운 기준이 되는 상태라고 정의했다. 그가 뉴노멀의 원인으로 꼽은 것은 과다한 부채 및 부채 정리, 세계화 효과 감소, 기술 발달에 따른 일자리 감소, 인구 고령화 등이다.

이와 함께 그는 과거의 '호황기'는 정부와 기업, 가계가 엄청난 빚을 내서 이룬 것이므로 이제 그 빚을 갚아야 한다고 강조했다. 결국 그의 주장은 과거의 부채를 갚기 위해 소비를 줄이는 시대, 허리띠를 졸라매야 할 시기가 왔으므로 경제가 예전처럼 빠르게 팽창할 수 없다는 지적이다.

지구촌이라는 울타리를 벗어날 수 없는 중국 역시 2014년 12월 시진핑 주석이 주재하는 정치국 회의에서 '신창타이(新常態, 뉴노멀의 중국식 표현) 시대'를 공식화했다. 이는 중국이 연간 10퍼센트 대의 고속 성장 시대를 끝내고 7퍼센트 수준의 '중고속' 성장 시대에 접어들었다는 의미다.

이런 상황 인식이 평론가들의 분석이 아니라 중국 최고지도부가 공식화했다는 것이 중요하다. 시진핑 주석은 "중국 경제가 신창타이에 접어들었다는 사실에 적응할 필요가 있다"는 말을 여러 번 반복해서 강조했다. 이 말에 담긴 속뜻은 중국의 거시경제 방향을 '성장'에서 '안정'으로 선회해야 한다는 것이다.

선진국 경제가 성숙기에 접어든 이후 세계 경제의 성장을 촉진해온 중국 경제가 뉴노멀에 접어들었다면 앞으로 세계 경기는 눈에 띌 정도로 둔화될 가능성이 크다. 이로 인해 향후 어떤 변화가 나타날 지에도 관심이 모아지고 있는 것이다.

▋금, 은.... 흙수저 등 수저계급론

자신이 속한 계층을 수저로 가늠해 출신 환경을 빗댄 수저 계급론은 영어 숙어 '은수저를 물고 태어나다(Born with a silver spoon in mouth, 부유한 가정 출신이다)'에서 비롯된 것이다.

젊은이들은 집안의 재산과 부모의 사회적 지위에 따라 사람을 금수저, 은수저, 동수저, 흙수저(흙 묻은 수저) 등으로 구분한다.

SNS에 떠도는 구분에 따르면 자산 20억 원 또는 가구 연수입 2억 원 이상이면 금수저다. 자산 10억 원 또는 가구 연수입이 1억 원 이상이면 은수저, 자산 5억 원 또는 가구 연수입 5,500만 원 이상이면 동수저다. 흙수저는 여기에 미치지 못하는 경우로 자산 5,000만 원 미만 또는 가구 연수입 2,000만 원 미만인 가정 출신이다.

이러한 수저론이 등장한 배경에는 헬조선에서는 아무리 '노오오오력'을 해도 계층 간 이동이 힘들다는 열패감이 있다. 젊은이들은 취직, 결혼, 출산 등 안정된 생활을 위한 조건들을 보장받지 못하는 한국 사회를 지옥과 망한 나라를 뜻하는 조선에 비유한다. '노오오오력'은 기성세대가 신세대에게 "너희는 우리보다 좋은 환경에서 자랐지만 노력이 부족하다"라고 나무라는 것을 비꼬는 말이다.

이러한 표현을 단순히 젊은이들의 치기 어린 표현으로 여기며 가볍게 지나치면 곤란하다. 수저론은 흙수저를 물려준 부모가 아니라 한 번 흙수저를 물면 그것으로 영영 밥을 퍼먹기 어려운 상황에 놓이고 마는 사회 구조적 문제를 원망하는 것이기 때문이다.

예를 들어 금・은수저를 물고 태어나면 걸음마를 떼자마자 최고급 사교육을 받아 명문대에 입학한 뒤 어학연수까지 다녀온다. 심지어 금수저가 부모의 부나 지위를 이용해 남들이 부러워하는 직장에 들어가는 혜택까지 누리면 이른바 흙수저가 느끼는 상대적 박탈감은 극에 달한다.

전문가들은 '88만 원 세대', '3포세대' 등으로 불리며 사회생활에 어려움을 겪던 다수의 2030세대가 '아무리 노력해도 바뀌는 게 없다'는 자조 끝에 수저계급론을 만들어냈다고 분석한다.

실제로 좋은 집안에서 태어날수록 고급 교육 혜택을 누린 덕분에 스펙이 좋고 취업에 유리하다. 반면 가정환경이 어려우면 아무리 공부를 해도 취직이 어렵고 설상가상으로 학자금 대출 등으로 하루하루 빚만 늘어난다.

과거에는 가난한 집안에서 태어나도 열심히 공부하고 일만 잘하면 잘살 수 있는 기회가 주어졌다. '개천에서 난 용'이 적지 않았다는 말이다. 그렇지만 지금은 그 통로가 막혀버리는 바람에 젊은이들의 좌절감이 기성세대의 상상을 초월할 정도다.

가정형편이 뒷받침되지 않으면 좋은 정보와 질 좋은 사교육을 받기 어렵기 때문에 이미 중·고등학교 때부터 사교육으로 무장한 친구들을 따라잡기가 벅차다. 결국 소득 격차가 빚어낸 사교육 격차는 대학 격차로 이어진다. 현실적으로 2015년 서울대 입학생을 보면 서울 강남 3구의 학생 비율이 47.9퍼센트로 거의 절반에 육박한다.

1970년부터 2015년까지 서울대 입학생의 출신 고교를 분석한 결과도 마찬가지다. 1970년대와 1980년대에는 서울뿐 아니라 지방에도 매년 100명 이상의 합격생을 배출하는 명문고가 꽤 있었지만, 1990년대 이후에는 특목고를 제외하면 이런 학교를 찾아보기가 힘들다.

다행히 좋은 대학에 들어가도 안심할 수 없다. 대학생 한 명이 학력, 학점, 어학성적, 해외연수, 사회봉사, 인턴, 수상경력 등 '꿈의 스펙'을 갖추려면 학비를 포함해 족히 1억 원 이상의 비용을 치러야 한다.

이처럼 예전과 달리 취업을 위해 거쳐야 하는 단계가 대폭 늘어나면서 부모의 든든한 재력이 없으면 삶의 질을 보장받기 힘든 시대가 되어버렸다. 그러니 스스로 노력해도 현실을 바꿀 수 없다는 체념의 표현으로 흙수저론이 등장한 것도 이해가 간다.

현실을 반영한 결과겠지만 신입생 학부모의 직업군도 많이 달라졌다. 1960~1970년대에는 농업, 관리직, 전문직 비율이 비슷했으나 2000년 이후 농업 비율은 1퍼센트 내외로 줄어들었고 전문직과 경영관리직 비율은 대폭 늘어났다. 악순환은 여기서 끝이 아니고 대학 격차는 취업 격차로 이어진다는 점이다.

물론 '노력해 보지도 않고 포기한다'고 젊은 세대를 나무라는 기성세대도 있지만 금수저를 물고 태어나 좋은 환경에서 교육받고 부모의 부나 지위를 이용해 남들이 부러워하는 직장에 들어가는 친구를 바라보는 흙수저들의 절망을 모른 체 하기는 힘든 세상이 된 것이다.

한편에서는 수저계급론을 곱지 않은 시선으로 바라본다. 가정환경을 등급으로 나누는 것이나 부모를 수저라는 조건에 빗대는 것이 마치 비하하는 것 같아 불편하다는 사람이 많다. 아무튼 수저계급론은 노력 여하에 관계없이 이미 계층이 정해져 있다는 심리 혹은 현실을 뼈아프게 반영한다.

수저계급론이 젊은이들 사이에서만 유행하는 것은 아니다.

통계청이 일반인을 대상으로 조사한 결과에 따르면 '현재 본인 세대에 비해 자식 세대의 사회·경제적 지위가 올라갈 확률은 얼마나 될까?'라는 질문에 '매우 낮다'거나 '비교적 낮다'라고 대답한 응답자가 전 연령대에서 1999년 21.3퍼센트에 비해 2013년 51.6퍼센트로 급격히 높아졌다. 절반이 넘는 국민이 계층 상승 가능성을 부정적으로 보고 있다는 얘기다.

수저가 마음에 들지 않는다고 수저를 바꿔 물거나 돌려가며 쓰기는 어렵다. 그렇지만 건강한 사회라면 최소한 흙수저를 쥔

이에게도 자존심이 상하지 않을 정도의 '가성비' 높은 밥상을 차려줄 수 있어야 한다. 젊은이들이 한숨을 쉬는 나라가 장밋빛 미래를 기대하기는 어려운 일이기 때문이다.

▌ 일본 평론가가 본 헬조선의 경제구조

　일본의 경제평론가 미츠하시 다카아키(三橋貴明)는 《어처구니 없는 한국 경제 입문》, 《사실은 위험한 중국 경제》 등에서 도발적인 주장을 한 인물로 우익 성향이 아주 강하다. 그는 유튜브를 통해 '한국 경제는 무너질 것'이라는 주장을 했는데 불편한 내용도 있지만 논리적인 부분과 귀담아 들을 내용도 약간 있어서 여기에 소개하고자 한다.

　당신도 분명 한국 기업이 대활약하고 있다는 뉴스를 매일 보고 있지요?
　일본의 파나소닉이나 소니는 한국 기업 삼성, 현대, LG 등에게 완전히 패배한 듯합니다. 그래서 매스컴들은 "일본은 안 된다. 한국의 약진을 보고 배워라!"라고 말하지만, 혹시 알고 있나요? 삼성은 한국 기업이 아니라는 사실을! 그리고 한국의 국내 상태는 매우 비참하다는 것을!

예를 들어 한국의 많은 젊은이가 일자리를 구하지 못하고 있습니다. 일본에서도 취업활동이 어렵긴 하지만 한국과는 비교가 되지 않습니다. 한국은 초고학력 사회로 대학진학률이 90퍼센트에 이릅니다. 이 엄청난 경쟁을 당신도 TV에서 본 적이 있지 않나요? 그런데 그 절반이 일자리를 구하지 못합니다. 일본은 대학진학률이 54퍼센트 정도라 그 비율이 얼마나 높은 것인지 잘 모릅니다. 더구나 일본은 대졸자 취업률이 93.6퍼센트입니다.

그뿐 아니라 한국의 젊은이는 일을 해도 70퍼센트가 비정규직입니다. 그들의 평균 월급은 고작 88만 원인데 엔으로 계산하면 7만 8,000엔에 불과합니다. 한국으로 여행을 다녀온 사람은 일본과 한국의 물가가 별로 다르지 않다는 것을 잘 알 겁니다. 한데 그 치열한 시험경쟁을 이겨낸 사람들이 월급 88만 원을 받으며 일합니다.

2011년 한국의 실업자가 100만 명을 돌파했습니다. 인구 대비 일본과 비교하면 3.7배나 되는 실업률입니다. 한 가지 더 말하면 연금은 한 달에 고작 9만 4,600원입니다. 그래서 일하지 않으면 살 수가 없습니다. 절망한 노인의 자살이 늘어 그 수치가 일본의 4~5배에 이르지요.

TV나 신문의 뉴스를 보면 한국이 엄청나게 노력하고 있는 것처럼 느껴집니다. 그건 한국이 아닙니다. 사실상 그것은 삼성이고 현대이며 일부 대기업입니다. 앞서 말했지만 이들 기업은 한국기업이 아닙니다.

많은 사람이 삼성을 한국 기업이라고 생각하지만 사실 삼성의 주식 중 54퍼센트를 외국인 투자자가 소유하고 있습니다. 비유하자면 다국적기업이 우연히 본사가 한국에 있는 것과 같습니다. 삼성만 그런 것이 아닙니다. 현대자동차도 약 50퍼센트가 외국 자본이며 더 심한 건 은행입니다.

한국의 주요 은행은 절반 이상이 외국 자본 소유로 신한은행 57.05퍼센트, 외환은행 74.16퍼센트, 국민은행 85.68퍼센트, 하나은행 72.27퍼센트, 한미은행 99.9퍼센트, 제일은행 100퍼센트입니다. 결국 한국 경제의 80퍼센트 이상은 외국 자본에 좌우되는 셈입니다.

이것은 무엇을 의미하는 것일까요? 이는 한국의 은행과 기업은 자국민을 위해서 일하는 것이 아니라 외국 자본, 즉 외국 주주들을 위해 일한다는 뜻입니다.

가령 자국민의 급여를 압도적으로 싸게 하거나, 자국민에게 타국보다 천만 원 정도 비싼 자동차를 팔아서 거액의 배당금을 주주에게 보내는 겁니다. 자국민이 값싼 급료를 받으며 필사적으로 번 돈을 거액의 배당금으로 외국인에게 보내는 것입니다.

실제로 한국의 소득수지(임금, 대외 금융자산, 부채와 관련된 배당, 이자 등 투자소득의 수입과 지급의 차이)를 보면 주주에게 배당을 하는 4월 전후는 매년 엄청난 적자입니다. 세금도 저렴해서 삼성 등의 대기업이 특별대우를 받기 때문에(15퍼센트 전후) 벌어들인 돈은 세금조차 한국에 남아 있지 않습니다.

결국 외국인 투자자에게 좌우당하는 한국 경제는 자국민을 저렴하게 부려먹으며 창출한 수익이 국외로 빠져나가는 구조입니다. 그러니 자국민의 형편이 조금도 나아지지 않지요.

이것이 바로 식민지가 아닌가요? 그런데 대기업이 아무리 자국민을 등쳐먹어도 이들이 한국 경제를 지탱하고 있기 때문에 이러지도 저러지도 못하는 상황입니다. 대기업이 없으면 한국 경제는 돌아가지 않습니다.

소득분포를 보여주는 수치 중에 지니계수라는 것이 있는데 한국의 지니계수는 0.53으로 이건 폭동이 일어나는 수준입니다. 이수준이면 범죄율이 증가하고 자살률이 늘어나며 젊은 세대의 해외 유출이 심화됩니다.

실제로 취업알선 사이트 잡코리아의 조사 결과 76.1퍼센트가 '가능하면 이민을 가고 싶다'고 응답했습니다. 네 명 중 세 명이 한국을 떠나고 싶어 한다는 말입니다. 그 이유로 많은 비중을 차지한 것은 바로 빈부격차, 열악한 복지정책, 심각한 실업난 등입니다.

이 분이 펴는 주장을 들어보면 지나친 과장과 특정 사안을 일반화한 내용도 포함되어 불편하게 들리기도 하지만, 정보의 전달 의도와 분석의 진실 여부에 관계없이 공감할 만한 부분이 많아 여기에 옮긴 것이다.

▌'파워 1인 기업'에서 대안을 찾으라

평생직장이란 개념은 이미 사라졌고 지금은 자기 스스로를 고용하는 시대다. 창조경제 아래서는 과거와 달리 개인의 전문성이 곧 사업화를 위한 밑바탕이다. 다시 말해 이제는 자신의 전문성과 경쟁력을 바탕으로 스스로를 고용하는 시대다.

스스로를 고용하는 것을 '1인 기업'이라고 하는데 저자는 여기에 몇 개의 아이디어를 더해 1인 기업을 포괄하는 개념으로 '파워 1인 기업'이라는 말을 사용한다. 파워 1인 기업이란 '한 사람의 아이디어와 노력으로 출발해 결국 수백, 수천 개의 일자리를 창출하는 기업 및 직종'을 의미한다.

파워 1인 기업은 조직구조 자체가 전통적인 기업과는 완전히 다르다. 즉, 평등한 조직문화 속에서 재정적으로 독립한 수많은 1인 혹은 2~5인으로 구성된 소단위 사업자가 네트워크로 흡수 및 연결된다.

외형만 보면 각기 다른 전문성을 갖춘 1인 기업들이 프로젝트에 따라 이합집산하며 하나의 조직처럼 협력하는 형태다. 따라서 파워 1인 기업의 성공은 국내 경제 활력과 일자리 창출은 물론 세계화를 통한 국부 증진으로 이어질 수 있다.

대량 실업과 자영업 몰락이라는 현실 앞에서 한국 경제에 가장 필요한 것은 바로 파워 1인 기업 육성이다. 그래야 혁신적인 기업가정신으로 새로운 시대의 흐름을 꿰뚫고 미래의 산업 기회를 포착해 일자리를 대량 창출할 수 있기 때문이다.

세계경제는 물건을 생산하는 산업경제(Industrial Economy)에서 정보가 중요한 지식경제(Knowledge Based Economy)로 이행한지 얼마 지나지 않아 '창조경제(Creative Economy)'로 넘어가는 패러다임 변화를 겪고 있다.

경제활동에서 전통적인 시장경쟁 요소는 가격과 기술이었다. 하지만 가격과 기술에서 별다른 차별화를 추구하기 어려운 오늘날에는 더 이상 전통적인 방식으로 승부하기가 곤란하다. 이에 따라 노동집약적 산업은 물론 첨단 제조업에서도 경쟁우위를 상실하고 있는 선진국들은 '창조성'을 생산요소로써 미래 사회 경제발전의 원동력으로 인식하고 있다.

얼마 전 〈비즈니스 위크〉는 창조경제 출현으로 "개인의 창의력과 아이디어를 생산요소로 투입해 무형의 가치(Virtual Value)를 생산하는 창조기업"만 생존 가능하다며 창조성이 성장의 중심축이 되고 있음을 강조했다.

실제로 오늘날에는 창의력이 산업의 흐름을 주도하고 있다. 이를테면 기존 시장에서는 수학, 과학의 좌뇌 활동을 중심으로 가격과 품질에 대한 분석적 감각을 강조했으나 이제는 창의력과 상상력을 앞세운 우뇌 중심의 혁신적 감각을 필요로 한다. 이런 이유로 선진국에서는 새롭게 등장한 1인 기업이 '창업 및 신규 일자리 창출'에서 주도적인 역할을 하고 있다.

가령 미국의 실리콘 밸리는 R&D, 디자인 등 창의적이고 혁신적인 1인 기업 창업과 함께 새로운 고용창출을 주도하고 있다. 독일은 실업 문제와 일자리 창출을 동시에 해결하기 위해 '1인 기업 활성화' 프로그램을 운영하고 있다.

일본은 거품경제 몰락 이후 뼈를 깎는 산업 구조조정으로 가치창조형 경제로 전환했다. 영국도 혁신적이고 창조적인 경제를 유지 및 발전시키기 위한 창의적인 인재 육성의 필요성에 따라 청년 교육, 1인 창조 기업에 대대적인 지원을 하고 있다.

최근 우리 사회는 부익부 빈익빈의 양극화 현상이 점점 더 보편화, 구조화하면서 '돈이 돈을 벌고 부자는 다시 부자가 될 가능성이 크다'는 인식이 팽배해지고 있다. 문제는 시간이 갈수록 이것이 심화되고 있다는 점이다.

이것을 소위 마태 효과(Matthew effect: 부익부 빈익빈 현상을 지칭하는 사회학적 용어)라고 하는데 이것은 소득 양극화뿐 아니라 정치, 과학, 교육, 문화 등 사회 각 분야에서 일어나는 양극단화 현상을 통칭한다.

사회과학적, 심리학적, 경제학적, 심지어 생물학적으로 다양한 연구를 진행 중인 이 마태 효과는 《마태복음》 제25장 제29절 "무릇 있는 자는 받아 풍족하게 되고 없는 자는 그 있는 것까지 빼앗기리라(For to everyone who has shall more be given, and he shall have an abundance; but from the one who does not have, even what he does have shall be taken away)"에서 나온 말이다.

이 이론대로라면 '개천에서 용 나는 현상'은 꿈도 꿀 수 없고 출발점에서 부진한 사람은 경기 내내 허덕이기만 할 뿐 역전의 기회 따위는 주어지지 않는다. 그러면 정말로 뾰족한 대안은 없는 것일까?

통계 자료에 따르면 갖고 있는 부동산을 모두 팔고 정기예금, 적금, 보험을 몽땅 해약해도 대출금을 갚지 못하는 가구가 10만 명이 넘는다고 한다. 또 신용카드로 결제하고 제 날짜에 갚지 못하는 사람이 48만 명이고, 세 곳 이상의 금융회사에서 돈을 빌린 다중채무자가 316만 명이며, 임대아파트의 임대료를 미루고 있는 사람만 해도 12만 명이라고 한다.

이제 이들은 금융회사의 전산망 안에 숫자로만 갇혀 있는 것이 아니라 세상 밖으로 나와 집단적으로 행동하고 있다. 이들은 '빚을 갚고 싶은 사람들'이라는 조직을 만들어 "갚고 싶어도 못 갚는 것은 내 책임이 아니다"라는 선언으로 공동체의 근간을 위협하고 있다.

최근 10여 년간 한국의 가계부채는 두 배 이상 증가했고 저축률은 최하위로 떨어졌다. 결과적으로 거대한 바위나 다름없는 부채를 머리에 얹고 사는 가구가 전체의 60퍼센트를 넘고 많은 사람이 노후를 걱정하면서 씀씀이를 줄이고 있다.

오늘날 우리는 남녀노소를 불문하고 융단 폭격을 가하는 마태 효과의 폐해에 그대로 노출되어 있다. 특히 N포 세대는 미래의 무거운 부양 부담까지 떠안고 있다. 그렇다고 주저앉아 비관만 할 것이 아니라 역발상으로 대안을 찾아야 한다.

무역으로 먹고사는 한국은 무역상대국이 코카콜라 진출국보다 많다. 한마디로 팔 수 있는 것은 다 팔고, 팔 수 있는 곳은 어디든 간다. 흥미롭게도 한국은 원유가 한 방울도 나지 않지만 석유를 수출한다.

즉, 수입한 원유를 정제해서 만든 휘발유와 경유를 외국(산유국 포함)에 내다파는 석유수출국이다. 이것은 기름 한 방울 나지 않아도 석유수출국이 될 수 있다는 역발상이 일궈낸 결과다.

흔히 한국은 무역의존도가 너무 높아서 문제라고 말한다. 그래서 세계 경제가 침체되거나 환율이 급격히 변동할 때 쉽게 휘둘린다는 말이 쏟아져 나온다. 실제로 한국의 무역의존도는 주요 20개국(G20) 가운데 가장 높다.

수치로 보면 무역액(수출+수입)이 국내총생산(GDP)보다 10퍼센트 내외로 더 많은 거의 유일한 나라다. 그럼에도 불구하고 시장을 개방하면 국내 산업이 붕괴한다고 주장(쇄국주의)하는 사람들이 여전히 많다. 그러나 한국의 산업계는 문을 연 분야일수록 경쟁력이 더 높다.

예를 들어 극장에 뱀까지 풀면서 반대했지만 스크린 쿼터를 대폭 축소한 결과 한국의 영화산업은 해마다 관객 1억 명 돌파라는 경쟁력을 갖췄고 팝송을 막지 않았기에 K팝은 물론 한류까지 세계적인 경쟁력을 자랑하고 있다.

일제 코끼리 밥솥이 있었기에 쿠쿠를 비롯한 한국의 밥솥이 세계 명품 반열에 오를 정도로 경쟁력을 얻었다. 애플, 소니와 경쟁한 삼성과 LG는 이제 세계적인 기업으로 거듭났다. 반면 시장을 꼭꼭 닫아놓은 의료와 법률 등 서비스 분야는 여전히 후진성을 면치 못하고 있다. 이 정도면 한국이 나아갈 큰 방향은 개방과 무역이라는 것이 충분히 입증된 셈이 아닌가.

여기서 이 부분을 장황하게 설명하는 이유는 파워 1인 기업이 크게 성장하려면 마찬가지로 개방이라는 큰 틀에서 외국으로 뻗어가는 모델이어야 하기 때문이다.

지금처럼 미래 예측이 암울하고 어려웠던 때는 일찍이 없었다. 그러나 4차 산업혁명을 통한 자동화 자체는 비극이 아닌 축복일 수 있다. 인간이 기계의 도움을 받으면 보다 높은 차원에서 창조적인 일에 집중하는 것이 가능하다. 이 경우 청년에게는 창업의 길이 활짝 열리고 노인층에게는 은퇴 없는 노동 기회가 확대된다.

물론 개인이 갖춰야 할 기술과 지식이 한없이 늘어날 수도 있다. 여기에 적절히 대처하려면 창의적인 역량을 재충전하는 동시에 협업에 순응해야 하며, 이것은 곧 생존의 필요조건이기도 하다. 그런데 아이러니하게도 비용 절감을 위해 사람을 기계로 대체해온 결과 시장경제가 자멸하면서 우리는 완전고용은커녕 완전실업의 길로 가고 있다.

일자리 소멸은 필연적으로 소비자 소멸을 뜻하고 이는 중산층 붕괴로 이어져 구매력을 떨어뜨린다. 극소수 부자는 경기와 상관없이 돈을 쓰겠지만 그들의 명품 소비만으로는 경제를 유지할 수 없다. 결국 우리는 원하든 원치 않든 각자 스스로를 고용하는 시대를 살아가고 있음을 자각해야 한다.

경제, 사회, 문화, 예술 등 분야를 막론하고 이제 인류는 미지의 세계로 들어서고 있다. 이것은 어느 누구도 가보지 않은 두려운 초행길이다. 그러나 결연한 의지와 창조적 사고로 도전하는 사람들에게 그 길은 상당히 새롭고 흥미로운 여행일 수 있다.

누구나 처음 가는 길이지만 도전이 더욱 필요한 이유는 '뉴노멀'에서 한발 더 나아간 '뉴 앱노멀' 시대로 진입하고 있기 때문이다. 기존의 이론과 규범, 관행, 데이터 등이 적용되지 않는 '뉴노멀'에 예측 불확실성까지 더해진 것을 '뉴 앱노멀(New Ab-normal)'이라고 한다.

이런 뉴 앱노멀 시대에는 경기예측 주기가 더욱 짧아지는만큼 미래 전망을 통한 시나리오 경영 계획보다는 지속가능 경영과 핵심가치에 주력해야 한다. 이른바 핵심가치 위주로 사업을 재편해야 하며 특히 상시적인 위험관리 필요성이 더욱 커진다.

Chapter 03

이제, 파워 1인 기업을 주목하라

한국 사회에서 저소득층이 중산층으로, 중산층이 고소득층으로 올라가는 '계층 상승 현상'은 갈수록 어려워지고 있다. 오히려 계층 이동은 그 반대로 가고 있다.

한국보건사회연구원이 2006~2014년에 전국 7,000여 가구를 조사한 결과 저소득층에서 중산층 이상으로 올라선 가구 비율이 2006년 29.9퍼센트에서 2014년 22.3퍼센트로 계속 하락한 것으로 나타났다.

가장 큰 원인은 저성장으로 인해 괜찮은 일자리가 줄어든 데 있다. 저임금의 비정규직 일자리만 늘어나 일을 해도 가난에서 벗어나기가 힘든 것이다. 여기에다 기업 채용이 줄어들면서 빈부격차와 '워킹 푸어(Working Poor)' 문제가 갈수록 심각해지고 있다.

한편에서는 이를 노력과 능력 부족 탓으로 몰아붙인다. 이러한 능력 제일주의는 개인의 능력을 성공의 토대라고 가정하지만 현실적으로 개인의 능력과 무관한 '비능력적 요인'이 우리 삶에 더 큰 영향력을 발휘하고 있다.

타고난 능력, 근면성실함, 도덕성 등의 능력적 요인보다 계층에 따른 교육 기회 불평등이나 대물림되는 특권과 특혜 같은 비능력적 요인이 더 많은 영향을 끼치는 것이다. 더 큰 문제는 부진한 일자리 창출이 이러한 문제를 더욱 악화시킨다는 점이다.

2016년 1월 다보스 포럼은 기술에 따른 근로자 간 격차가 확대될 것으로 전망했다. 인공지능, 바이오 등 하이테크놀로지가 이끄는 4차 산업혁명이 본격화되면 전문 기술직의 수요는 늘어나는 반면 단순 고용직의 불안정성은 더욱 커질 것이라는 예측이다. 어찌보면 당연한 예측이다.

이들은 미래에 일자리가 감소할 것으로 보이는 산업군으로 사무행정직, 제조업 생산, 건설 채광업 등을 꼽았고 구체적으로 사무행정직 470만 개, 제조업 생산 160만 개, 건설 채광업 50만 개가 사라질 것으로 전망했다.

반면 재무관리(50만 개) 매니지먼트(41만 개) 컴퓨터 수학(40만 개) 등에서는 일자리가 새로 만들어질 것으로 내다봤다. 결국 없어지는 일자리에서 새로 생기는 일자리를 빼면 약 500만 개의 일자리가 사라지는 셈이다.

가뜩이나 어려운 우리에게 이러한 전망은 암울함을 더해주는데 대안은 없는 것일까?

안타깝게도 우리는 오래전부터 일자리 없는 경제성장을 지속해왔다. 이런 상황에서 그나마 주목을 받는 것이 최소자본을 투자해 사업을 시작할 수 있는 파워 1인 기업이다.

실제로 참신하고 혁신적인 아이디어와 업종 간 통합 능력을 갖춘 인재들이 파워 1인 기업에 도전하면서 수백에서 수백만 개의 일자리가 창출되고 있다. 미국의 경우 약 1,000만 명 이상의 1인 기업이 활동 중이라고 한다.

여기서 1인 기업이란 통신 · 금융 · 보험 서비스업, 교육 서비스업, 복지사업, 오락 · 문화 · 스포츠 관련업, 지식서비스 분야 등의 업종에서 활동하는 프리랜서 또는 개인사업자 형태의 기업을 말한다. 이들은 기존의 노동집약적인 일반 영세사업자와 달리 기술력을 앞세워 자신의 경쟁력을 높이고 SNS와 첨단 IT 장비를 통해 기동성을 극대화하고 있다.

▌ 고용창출형, 21세기 직종의 등장

　오늘날에는 시대의 흐름이 바뀔 때마다 새 직종 및 업종이 등장해 부의 이동을 촉진하고 새로운 일자리를 만들어낸다. 이런 조건에서는 지식, 경험, 창의력이 새로운 부의 원천으로 작용하기 때문에 기존 시장에 새로운 방식으로 접근해 무에서 유를 만들어내는 기업이 비즈니스 역사를 새로 쓴다. 바로 이것이 파워 1인 기업이 대거 등장하는 이유다.

　그런데 한국은 금융위기 이후 경제성장이 정체를 넘어 마이너스 상태라 일자리 창출은 고사하고 있는 것마저 사라질 지경이다. 물론 경제위기는 늘 구직자에게 고통을 안겨주지만 지금은 일자리를 원하는 사람이 늘어나는 상황에서 일자리가 더 줄어들거나 증가하지 않는 현상이 나타나고 있다.

　이에 따라 그 타개책으로 '1인 창조 기업'을 내세운 한국 정부는 창조경제를 통한 중소·벤처 기업 활성화 대책 등 다양한 노력을 기울이고 있다. 여기에 굳이 '창조'라는 단어를 붙인 이유는 지금은 구직이 아닌 창직의 시대이기 때문이다. 즉, 개인은 이전에 없던 직종을 직접 만들어내 스스로 1인 기업가가 되어야 한다.

　1인 창조 기업과 유사한 개념이 파워 1인 기업이다. 이것은 한 사람의 아이디어와 노력에서 출발해 결국 수백, 수천에 이르는 일자리를 창출해내는 기업 및 직종을 일컫는다.

　이것은 시대의 흐름에 맞는 새로운 업종과 직종을 창조함으로써 결과적으로 많은 일자리를 만들어내는 고용창출형 21세기 직종이다. 한마디로 짧은 기간에 수많은 일자리를 만들어내는 파워 1인 기업 시대가 열린 것이다.

　개인의 열정과 창의성을 기반으로 하는 파워 1인 기업은 필연적으로 출현할 수밖에 없다. 그 이유를 살펴보면 다음과 같다.

　첫째, 기술과 가격으로 승부하는 기존 시장은 공급과잉에 직면한 반면 소비자 계층은 날로 세분화 · 다양화하고 있다. 새로운 시장 수요에 신속히 대응하는 데 가장 적절한 경쟁요소는 바로 창의성이다.

　둘째, 공급 차원에서 인터넷, 뉴미디어, 정보 등의 첨단기술 덕분에 개인의 창의력을 보다 용이하고 저렴하게 뒷받침해주는 비즈니스 환경이 조성되어 있다.

　셋째, 다수 인력으로 조직화된 기존의 기업만으로는 새로운 수요에 적절히 대응하기 어렵다.

　과정이 어찌되었든 파워 1인 기업의 출현은 시대적으로 중요한 의미가 있다. 가령 일본은 장기적인 경기 침체로 인한 구조적 고용 부진, 생산 가능 인구 감소, 일본식 고용 관행의 진부화 같은 문제점을 해결하기 위해 '전원 참가형 신고용 전략' 을 발표한 바 있다.

1980년대 고성장기만 해도 일본은 4퍼센트 대의 청년실업률을 유지하며 다른 선진국들의 부러움을 산 고용 모범국이었다. 당시 미국과 영국은 15퍼센트 안팎, 프랑스는 20퍼센트가 넘는 청년실업률로 골머리를 앓고 있었다.

　하지만 1990년대 들어 일본이 장기 저성장에 빠져들면서 청년 일자리 사정은 급격히 나빠지기 시작했다. 일본의 청년실업률은 2000년대 초 10퍼센트를 돌파했고 아예 일할 의욕을 잃은 청년층도 급증했다. 니트족이 급속도로 증가한 것도 이 무렵이다.

　일하지도 않고 일할 의지도 없는 청년 무직자를 뜻하는 니트족(NEET : Not in Education, Employment or Training)이라는 용어가 일본에 처음 등장한 것은 2003년 경이다. 니트족 증가와 함께 프리터족(Freeter族 : '프리 아르바이터[free arbeiter]'의 줄임말. 일정한 직업 없이 아르바이트로 돈 버는 사람들) 역시 대폭 늘어났다.

　문제는 청년실업은 일단 만성화되면 좀처럼 빠져나오기가 쉽지 않다는 데 있다. 한 번 떨어진 실업률을 회복하는 것은 정말 어렵다. 예를 들어 프랑스는 1980년대 초반 이후 20퍼센트 안팎의 청년실업률 늪에서 빠져나오지 못하고 있고, 스페인·이탈리아·그리스 같은 남유럽 국가의 청년실업률은 무려 50퍼센트에 가깝다. 실업률 회복이 얼마나 어려운지 보여주는 사례다.

　일본은 청년실업이 사회적인 문제로 떠오르자 '전원 참가형

신고용 전략'을 도입했다. 이 전략은 모든 국민이 경제성장 과정에 참여해 모두가 성장을 실감하게 하는 것이다. 특히 이것은 취업 취약계층인 청년층, 여성, 고령자 및 장애자의 고용에 집중함으로써 대규모 고용창출을 목표로 하고 있다.

한국도 일본 못지않게 고령화 사회로 급속히 진입하는 한편 저출산이 문제가 되고 있다. 여기에다 저성장 고착화로 청년실업뿐 아니라 취업 포기자가 빠르게 늘어나고 있다. 잠재성장률의 지속적인 하락과 신규 고용 창출력이 악화되고 있는 지금 우리에게는 새로운 고용창출 전략이 필요하다.

사실 우리 주변에는 적절한 기회와 지원만 있으면 번듯한 일감이나 사업 아이템으로 발전할 수 있는 아이디어가 아주 많다. 이러한 아이디어를 상품화하지 못하는 이유는 혼자서는 시장을 찾거나 만들기가 어렵고, 사업상의 위험을 감내하기는 더욱더 어렵기 때문이다.

만약 국민 개개인의 시장 접근성을 획기적으로 높이고 사업상의 위험을 최소화할 수 있다면 국민에게 자발적인 일자리 창출 기회를 제공하고 개인의 창의성이라는 신성장 동력을 국가 자산화할 수 있을 것이다. 파워 1인 기업을 육성해야 하는 이론적 근거가 여기에 있다.

예컨대 적절한 지원 체계만 있으면 평생 전통적인 고추장 맛을 지켜온 시골 할머니의 재능도 훌륭한 사업 아이템으로 발전할 수 있다. 이 경우에는 한 마을이 생산 공동체를 이루도록 지원하고 여기서 생산한 제품을 도시 및 해외로 판매할 수 있는 시스템을 강구해야 한다.

그 뒤 마을 공동체가 발효식품에 대한 산교육을 담당해 그 지역의 초·중등학생에게 생산 및 사업화 과정을 가르치는 것도 가능하다.

실례로 한 주부 벤처기업가는 오랫동안 전수되어온 청국장의 가능성을 내다보고 그것을 원료로 한 건강식품을 개발해 사업화했다. 물론 현재의 환경에서 그 과정이 결코 순탄치 않았으리라는 것은 불을 보듯 빤한 일이다.

오랫동안 지켜온 집안의 비방을 전승한 한 주부는 그것을 활용한 제품 아이디어를 사업화하기 위해 도움을 구했지만 보증과 사업계획서를 요구하는 통에 사업을 거의 포기할 뻔했다고 한다. 심지어 자금지원심사에서 전공, 학위, 경력 등을 문제로 삼는 바람에 아이디어 자체의 가능성을 제대로 평가받지 못했다.

이러한 사례를 통해 우리는 작지만 독창적인 아이디어를 사업화하려는 1인 지식서비스 기업을 적극 지원 및 육성해야 한다는 교훈을 얻어야 한다.

지금은 개인의 창의성이 국부와 일자리를 창출하는 창조경제 시대다. 특히 인터넷 발달로 개인의 지적 능력과 협업이 급속히 발전하고 지식의 산업화가 가속화하면서 1인이 재택근무, 겸업,

부업, 협력형 사업을 하는 것이 전보다 쉬워졌다.

덕분에 지금까지 경제활동에서 상대적으로 소외되어온 청년, 여성, 고령층, 장애인 등이 적극 참여할 수 있는 기회가 점점 늘어나고 있다. 자신의 아이디어를 쉽게 외부에 알리고 시장기회를 제공받는 인프라 구축이 용이하기 때문이다. 나라 전체로 볼 때 개인의 창의성은 결코 마르지 않는 자원이며 그 힘을 제대로 쓰는 것이 곧 창조경제다.

▌일자리 창출 패러다임이 바뀌고 있다

한국을 비롯해 전 세계적으로 대학 진학이 일반화하면서 노동시장에는 대졸자가 넘쳐흐르지만, 정작 이들을 위한 일자리는 공급을 따라가지 못하고 있다. 그 원인이 개인에게 있든 아니면 기업에 있든 취업자들이 원하는 양질의 일자리가 시장에 많이 공급되지 않는 것만은 사실이다.

특히 요즘 사회 문제로 대두되고 있는 청년실업 문제에는 복합적인 요인이 뒤섞여 있다. 가령 개인적인 인식, 사회적인 분위기, 인재 양성 문제, 사회 구조적인 측면 등 매우 다양하다.

다른 나라도 예외가 아니다. 세계적으로 좋은 정부, 나쁜 정부를 가르는 기준이 일자리 창출 능력에 있다는 말이 있을 정도다. 예를 들어 스페인, 그리스처럼 청년실업률이 50퍼센트가 넘는 국가의 젊은이들은 현대판 집시라고 불리는데 이는 일자리를 찾아 전 세계를 떠돌기 때문이다.

진보세력이 집권한 영국, 프랑스, 이탈리아 등은 노동개혁을 선언했다. 청년실업률이 10.6퍼센트로 한국과 비슷하고 비교적 형편이 괜찮을 듯한 미국조차 2015년 9월 시카고에서 열린 고용박람회가 큰 화제였다.

왜 이런 현상이 벌어지고 있는 것일까?

빈곤의 원인과 책임을 쉽게 설명할 때 흔히 인용하는 것이 '의자 빼앗기 게임'이다. 가령 열 명의 게임 참여자가 있는데 앉을 수 있는 의자가 여덟 개밖에 없으면 부족한 두 개가 빈곤의 원인이 된다. 이때 빈곤의 책임은 의자에 앉지 못한 두 사람이 아니라 그들이 앉을 자리를 마련하지 않은 사회구조에 있다.

세계경제포럼의 클라우스 슈바프 회장은 저성장의 원인으로 '기술혁명'을 들고 있다. 기술이 혁명적으로 진화하면서 더 적은 노동과 자본을 투입해도 예전보다 생산성이 더 높아졌는데 이것이 경제성장에 악영향을 미친다는 설명이다.

"우버, 에어비앤비 같은 '공유경제' 모델이 이를 상징하는데, 비숙련 노동자를 기계로 쉽게 대체할 수 있어서 숙련 노동자와 비숙련 노동자 사이에 양극화 현상이 빚어졌다. 이러한 기술 발전은 노동시장에도 큰 위협이 될 것이다. (…) 구체적으로 인류는 증기기관(1차), 전기(2차), 컴퓨터(3차)에 이어 인터넷과 인공지능(AI)을 주축으로 한 네 번째 산업혁명을 겪고 있다. 그 변화 속도와 범위, 깊이가 전례 없는 규모라 정부나 기업이 감당하기 어려운 수준이다."

이 비관적인 전망을 증명하기라도 하듯 〈중앙일보〉는 2015년 3월 14일 '로봇·인공지능 발달로 위협받는 일자리'라는 기사에서 고용시장에 밀어닥치는 거대한 쓰나미를 다뤘다.

무엇보다 인상적인 내용은 2만 명이 근무하던 중국의 한 공장에 최근 로봇이 투입된 뒤 로봇 관리직원 100명만 남은 사례다. 이는 1만 9,900명이 졸지에 로봇에게 일자리를 빼앗겼다는 충격적인 소식이다.

지금은 전 세계가 일자리 대란을 겪고 있다. 2016년 현재 한국에도 곳곳에 어두운 그림자가 깔려 있다. 2015년 성장률은 3퍼센트에도 미치지 못했고 2016년에도 좋아질 기미는 없다.

수출액은 전년 대비 계속 감소하고 있으며 미래 전망이 그리 밝은 것도 아니다. 이뿐 아니라 저출산·고령화 시대의 도래, 저성장 시대 진입 같은 어두운 용어들이 스멀스멀 밀려오고 있다.

여기에다 중국의 성장 둔화, 세계적인 저유가, 미국의 금리 인상으로 전 세계가 저성장 기조에서 벗어나지 못하고 있다. 중국 경기가 둔화되면 한국의 수출이 줄어들고 유가가 하락해 산유국들의 재정이 나빠질 경우에는 한국 상품 수출에 지장이 생긴다. 그리고 미국 금리가 인상되면 국내의 달러가 빠져나갈 가능성이 크다.

설상가상으로 한국은 외환위기 이후 중산층이 계속 줄어들고 있다. 이처럼 중산층이 감소하는 첫째 요인으로 '일자리 창출 없는 경제성장'이 꼽힌다.

다른 한편으로 기업들의 구조조정 탓에 실업자가 양산되고 있고, 자영업이 붕괴 직전으로 내몰리면서 실직자로 돌아선 자영업자도 상당히 많다. 한국 정부가 민생대책의 모든 초점을 실업자 구제에 맞추고 있지만 상황은 그리 밝지 않다.

근본적인 해결책은 바로 일자리 창출이다. 이런 상황에서 지식을 융합하고 네트워크, 웹으로 글로벌 경쟁력을 갖춘 파워 1인 기업은 사업자들이 하나의 조직처럼 협력하면서 신성장 동력을 얻기 때문에 이 시대의 대안이 될 수 있다.

이것은 지식과 정보를 체계화하고 여기에 서비스 과학을 접목한 새로운 성장 업종이다. 지식융합, IT융합, 고객맞춤, 신유통, 녹색(친환경) 물결은 전 산업을 관통하는 메가트렌드이자 새로운 산업 창출의 처녀지이고 부의 진원지다.

이를 실현하는 파워 1인 기업은 대기업과 1인 사업자들이 하나의 조직처럼 협력함으로써 성장의 한계를 벗어난다. 시대의 흐름에 적합한 이 새로운 방식은 인구구조나 라이프스타일 변화에 따라 새로운 성장모델로 떠오르고 있다.

자기 스스로를 위한 비즈니스 주체

미국 재무부는 새로운 모델로 떠오른 1인 기업을 '자기 스스로를 위한 개인 기업 혹은 독립계약자(Independent Contractor)로서 비즈니스 수행 주체'라고 설명한다. 저명한 경영학자 톰 피터스는 1인 기업을 PSF(Personal Service Firm)라는 개념으로 처음 소개하면서 '브랜드 유(Brand U)' 또는 '나 주식회사(Me Inc)'라고 정의하기도 했다.

이후 1인 기업은 1인 지식서비스 기업, 사회적 기업(Social Enterprise), 프리에이전트 등 다양한 형태로 나뉘면서 점차 진화·발전하고 있다. 이를 통해 창조계급이나 신중산층 같은 대안세력이 형성되는 한편 개인에서 집단, 집단에서 대그룹 혹은 파트·세력·스쿨·계급 등으로 확대 재생산되고 있다.

이처럼 1인 기업이나 1인 사업을 장려하면 새로운 계급 유형이 나오고 공간과 지역도 창조도시, 창조클러스터 같은 형태로 변화한다. 아울러 기존 대기업, 중소기업 등의 조직 및 기관도 창조경영 패러다임으로 전환하는 부수적인 효과도 얻는다.

2016년 현재 한국의 대기업들은 불확실한 경영 환경으로 인해 고용을 늘릴 엄두를 내지 못하고 있다. 대한상공회의소 조사에 따르면 매출액 최상위 30대 기업 중 채용 계획을 확정한 열 곳이 2015년보다 신규 채용을 5.5퍼센트 줄인다고 한다. 취업이 더 힘들어지고 청년 백수가 쏟아져 나올 것이라는 예고다.

더구나 고용시장 한파가 일시적인 현상에 그치지 않을 것이라는 경고도 잇따르고 있다. 2017년부터 300명 이상 고용한 기업은 정년 60세를 의무적으로 지켜야 하므로 퇴직자가 크게 줄어들 전망이다. 이에 따라 기업의 인건비 부담은 신규 채용을 하지 않아도 2019년까지 매년 평균 6퍼센트씩 늘어날 것으로 보인다.

통상임금 확대와 근로시간 단축 효과까지 감안하면 기업의 부담은 더 늘어난다. 이렇게 퇴직자가 줄어들고 인건비 부담이 커지면 기업은 신규 채용을 망설일 수밖에 없다. 결국 2016년보다 2017년 이후의 고용 전망이 더 어두운 상황이다.

그동안 모든 영역에서 프리랜서들이 주도해온 파워 1인 기업은 대개 위키피디아나 구글처럼 작은 아이디어로 출발했다. 그렇지만 이들은 글로벌 기업으로 성장해 라이프스타일을 바꾸고 수많은 일자리를 창출했다. 전문지식을 바탕으로 한 경제활동으로 일자리를 창출함으로써 사회에 기여한 것이다.

결국 '고학력 청년실업 및 일자리 창출의 새로운 돌파구 마련'을 위해서라도 파워 1인 기업을 널리 육성할 필요가 있다.

미국과 유럽에서는 이미 파워 1인 기업을 통한 일자리가 대거 등장하고 있다. 가령 한국에서는 생소하지만 2000년대 들어 활성화된 홈 인스펙션(Home Inspection: 주택, 아파트, 상업용 건물 같은 고가의 부동산을 거래할 때 해당 부동산의 하자 여부를 조사하는 것) 비즈니스는 현재 미국 부동산 거래의 95퍼센트를 점유하고 있다.

더 중요한 것은 이 일이 홈오피스로도 가능하다는 점이다. 한국의 경우 수억 원짜리 집을 산 뒤 나중에 결정적인 결함이 발견되어도 이전 주인은 변상해주지 않는다. 바로 이런 문제를 해결하는 것이 홈 인스펙션이다.

홈 인스펙션은 현재 미국 전역에 스무 개가 넘는 프랜차이즈 브랜드가 있고 가맹점 수도 3,000개가 넘는다. 프랜차이즈에 속하지 않은 독립사업자까지 합치면 홈 인스펙션 분야 종사자는 최소 2만 명에 이르며 앞으로 계속해서 일자리가 더 늘어날 것으로 보인다.

파워 1인 기업의 진가는 뭐니 뭐니 해도 일자리 창출에 있다. 다행히 최근 한국에서도 점점 1인 기업이 성장할 수 있는 여건이 조성되고 있다. 이장우 경북대 교수는 "경기 침체로 청년실업률이 사상 최고로 치솟고 민간과 공기업에서 대규모 구조조정이 예상되는 상황이므로 대량의 일자리를 만들어내는 '파워 1인 기업'을 키워야 한다"라고 역설했다.

많은 전문가가 파워 1인 기업의 성공은 국내 경제 활력과 일자리 창출은 물론 세계화를 통한 국부 증진으로 이어지므로 기업과 교육기관, 정부가 합심해 '파워 1인 기업'을 키워야 한다고 권고한다. 이는 하나의 직종이 등장해 사회 전체에 확산되려면 적어도 5~10년의 기간이 필요하다는 점을 염두에 둔 말이다.

파워 1인 기업은 아이디어와 능력만 있으면 누구나 창업할 수 있다는 점에서 도전을 원하는 많은 사람에게 창업 기회를 제공한다. 특히 애플리케이션 시장 확대 등 '스마트 비즈니스' 확산으로 그 기회는 점점 더 늘어나고 있다.

▮ 시대의 산물, 스몰파워가 세상을 바꾼다

모든 사업이 그렇듯 마이크로 시대의 신종 비즈니스로 각광받는 1인 기업도 외롭고 힘든 도전이다. 물론 그만큼 성취에 따른 보람도 크다. 특히 1인 기업은 조직력이나 자본으로 승부하는 '규모의 경제'가 아닌, 아이디어와 능력을 기반으로 한 '마이크로화 경제'가 낳은 신종 틈새시장 비즈니스라는 점에서 더욱 매력적이다.

1인 기업의 가장 큰 장점이자 단점은 비즈니스 과정이 자유롭다는 점이다. 앱 등 스마트 제품 발전으로 개발, 유통, 홍보, 대표까지 모두 스스로 맡는다는 사실은 개개인에 따라 장점일 수도 있고 단점일 수도 있다. 아무튼 그 자유롭고 한계가 없는 가능성 때문에 한국에서도 파워 1인 기업에 대한 관심이 증폭하고 있다.

한국산업기술대가 실시한 1인 기업 실태 조사에 따르면 국내 1인 기업 수는 2015년 23만 5,000여 개로 전년 대비 약 15.7퍼센트 성장했다고 한다. 이러한 흐름에 따라 중소기업청은 1인 기업 육성을 목표로 다양한 지원 사업을 진행 중이다.

앱 창작터나 비즈니스 센터 등을 운영해 1인 기업 '지원 허브'를 구축하는 한편 아이디어의 상업화, 신기술 개발, 마케팅 활동 등에 일정 비용을 지원하기도 한다.

이미 창업에 도전한 1인 기업가들은 "가장 중요한 것은 철저한 준비이며 실패를 두려워하지 않는 용기도 필요하다"라고 조언한다. 그들은 "남다른 창의력을 바탕으로 브랜드, 조직력 등을 구축한 1인 기업의 파워는 앞으로 상상을 초월할 정도로 막강해질 것"이라고 내다봤다.

다음은 저자가 삼성생명의 온라인 매거진 〈스마트 라이프 디자인〉과 '구직(求職)이 아닌 창직(創職)을 하라'라는 주제로 인터뷰한 내용이다.

1인 창조기업이 마이크로 시대 신종 비즈니스로 각광받고 있다. "개인 스스로가 직업을 창조하는 것이 창직의 주요 골자이며 남녀노소 모두 창직에 관심을 가져야 할 때라고 강조하면서 이젠 일자리를 찾아다니는 시대가 아닌 스스로 만들어야 하는 시대가 도래했다"는 주장을 펴는 김정수 박사에게 답을 구했다.

Q : 창직이 무엇인지 그 개념을 정리해주시죠?

A : 창직은 간단히 말해 자기 스스로 일자리를 만드는 것입니다. 하나의 회사를 세우는 창업과는 다른 개념이죠. 직업을 창조하고 그것을 현실로 구현하면 1인 기업이 탄생합니다. 그래서 창직을 1인 기업이라고도 말합니다.

여기에서 1인 기업이란 개인이 창조 또는 가공한 아이디어 및 제품을 시장화하려는 기업을 말합니다. 좁은 의미로는 유한회사 형태의 법인으로 대표자를 포함한 종사자가 1인인 기업을 의미하지요. 넓은 의미로는 소수의 인력을 중심으로 다양한 아이디어를 사업화하는 개념으로 정의할 수 있습니다. 이때 '1인'은 반드시 1인으로 구성된 기업뿐 아니라 '1인 중심' 혹은 '1인도 창업이 가능한 소수'를 의미하며 때로는 총체적인 협력형 사업의 일부를 담당하거나 겸업하는 형태도 포괄합니다.

사업 대상인 '창조'는 전문성이 있는 아이디어와 초벌 아이디어까지 포함한 독창적인 아이디어를 말하는데, 이는 계층과 직종 등을 초월해 모든 국민이 보유한 창의성을 지칭합니다.

'기업'은 전통적인 의미의 기업 외에 재택근무 등을 비롯한 포괄적인 사업(1인 비즈니스)까지 포함하므로, 큰 틀에서 보면 '1인 기업'은 누구나 아이디어가 있으면 창업을 통해 그것을 경제적 가치로 전환할 수 있음을 뜻합니다.

Q : 창직은 언제부터 생겨났나요?

A : 창직의 개념은 오래전부터 쭉 이어져왔습니다. 우리가 흔히 알고 있는 유명한 사업가들도 처음에는 창직으로 시작했지요. 마이크로 소프트의 빌 게이츠, 페이스북을 만든 마크 저커버그, 애플의 스티브 잡스가 그 대표적인 사례입니다. 창직은 아이디어와 열정이 있는 사람에게서 생겨나 발전하는 것입니다.

Q : 왜 이 시점에 창직이 필요한 것인가요?

A : 현재 구직시장이 너무 좁아 사회적으로 문제가 되고 있습니다. 그 탈출구를 만들 수 있는 것이 바로 창직입니다. 무엇보다 평생직장이란 개념이 사라졌습니다. 예전과 달리 창조경제에서는 개인의 전문성이 곧 사업화를 위한 밑바탕을 이룹니다.

그리고 창직은 전 세계의 사회적인 흐름과 자연스럽게 맞닿아 있지요. 창직의 개념 아래 스스로 직장을 만들면 그 가능성은 사람들이 원하는 만큼 무한정 넓어질 수 있습니다.

Q : 현재 창직은 어떤 트렌드를 보이고 있나요?

A : 경제 영토를 넓히고 그 범위를 지속적으로 확대하는 데 초점을 맞추고 있습니다. 우리는 눈을 해외시장으로 돌릴 필요가 있습니다. 과거에는 사람들이 한 나라의 지방에서 도시로

옮겨 갔지만 이제는 나라에서 나라로 이동하는 상황입니다. 여러 나라와의 FTA(자유무역협정) 체결도 여기에 한몫했고, 영리와 공익의 두 가지 목적을 내세운 소셜벤처 열풍도 창직을 부추기는 사회적 풍토 중 하나입니다.

Q : 외국의 대표적인 창직 혹은 1인 기업 사례에는 어떤 것이 있나요?

A : 가령 '고객이 신발 한 켤레를 구입하면 신발 한 켤레를 제3세계 어린이에게 기부한다'는 캠페인으로 시작한 브랜드 탐스(TOMS) 슈즈를 생각해봅시다. 이 회사의 창립자 블레이크 마이코스키(Blake Mycoskie)는 아르헨티나 여행 중 맨발로 다니는 아이들을 보고 영감을 얻어 1인 기업을 시작했습니다. 가난한 사람에게만 돈을 빌려주는 방글라데시의 그라민 은행(Grameen Bank) 설립자 무하마드 유누스(Muhammad Yunus)도 창직 사례입니다. 아이디어 하나로 선구적인 빈곤퇴치 활동을 펼치는 그는 노벨평화상까지 수상하는 영광을 안았죠.

Q : 창직이 출현할 수밖에 없는 이유라도 있나요?

A : 개인의 창의성을 기반으로 한 파워 1인 기업이 필연적으로 출현할 수밖에 없는 이유에는 몇 가지가 있습니다.
첫째, 다수 인력으로 조직화된 기존의 기업으로는 현대 사회의 다원화·다양화된 수요에 적절히 대응하기가 어렵습니다. 순발력 있는 경영을 위해서도 필요하죠.

둘째, 기술과 가격으로 승부하는 기존의 시장은 공급과잉에 직면한 반면 소비자 계층은 날로 세분화 · 다양화하고 있는데, 이 새로운 수요시장에 신속히 대응하기에 가장 적절한 경쟁요소는 창의성입니다.

셋째, 공급 차원에서 인터넷, 뉴미디어, 정보 등의 첨단기술 덕분에 개인의 창의력을 보다 용이하고 저렴하게 뒷받침해주는 환경이 조성되면서 누구나 쉽게 사업을 시작할 수 있습니다.

Q : 창직의 미래 전망은 어떤가요?

A : 사람들은 대개 새로운 시도에는 커다란 위험이 내포되어 있다고 생각하는 경향이 있습니다. 창직도 마찬가지입니다. 한데 독립적인 1인 기업을 시도할 때 위험성이 큰 이유는 고정비가 높기 때문입니다. 핵심은 창직의 경우 고정비나 자본금 싸움이 아니라 아이디어 싸움이라는 데 있습니다.

창직은 한 사람의 아이디어와 노력으로 출발하지만 결과적으로 수백, 수천 개의 일자리를 창출하는 기업이자 직종입니다. 나아가 창직은 물리적인 나이의 제한을 받지 않습니다. 따라서 창직이 전 세계적으로 각광받는 직업의 새로운 패러다임이 될 만한 근거는 충분하다고 봅니다.

양질의 일자리가 부족하고 대학이 비용만큼의 효과를 내지 못하는 상황에서 1인 기업을 토대로 한 '창직 트렌드'는 이미 자동화, 세계화, 정보화, 디지털화, 스마트워크화 등으로 세계적인 추세가 되고 있습니다. 창직은 올바르게 접근하는 이들에게 대세이자 새로운 패러다임으로써 경제적 부를 안겨줄 기회로 작용할 것입니다. 창직에 대한 관심이 많이 필요한 이유가 여기에 있습니다.

앞으로 취업, 창업 키워드 외에 창직과 퍼스널브랜딩의 화두가 좀 더 세분화 · 다양화하면서 경제적 자유를 찾기 위한 개개인의 노력이 제2의 벤처붐 이상을 불러일으킬 것으로 예상합니다.

Q : 창직의 발전 과제로는 무엇이 있나요?

A : 1인 창직 기업이 발전하려면 먼저 각 개인의 창조적 아이디어가 경제적 가치나 창업으로 연결되도록 글로벌 지식 생태계(Eco–System)를 조성해야 합니다. 그리고 이것을 토대로 국민에게 성취감과 경제적 혜택을 제공함으로써 창조적이고 신바람 나는 분위기를 만들어야 합니다.

이를 위한 주요 실천 전략으로 1인 창직 기업 활성화로 각 개인의 전문성과 창조성을 사회 경제적 가치로 전환해야 합니다. 또한 청소년, 청년, 노년층 등 각계각층의 지적 · 창조적 역량을 극대화해 전 국민을 창조계급으로 유도할 필요가 있습니다.

Q : 창직 발전을 위해서는 어떤 지원이 필요할까요?

A : 1인 기업의 특성상 성공적인 활동에 필요한 모든 자원을 스스로 확보하는 것은 매우 어렵습니다. 이들은 외부 시스템, 인프라, 협력 네트워크와 유기적으로 결합해 활동에 필요한 자원의 상당 부분을 취해야 하므로 최적의 생태계 조성이 필수적입니다.

결국 1인 기업이 고립되지 않고 기업과 산업의 생애주기 변화에 잘 적응하며 지속가능한 발전을 하려면 사회 문화적 보호 시스템이 필요하지요. 기업을 초월한 자유로운 활동과 사업을 위해서는 1인 기업이 창출하는 업(業)의 개념이 창조적이어야 합니다.

이것이 실질적인 성과를 내는 것은 물론 사회 경제에 기여하는 밑바탕입니다. 따라서 1인 기업이라는 형식보다 경영 활동과 사업 내용 자체가 창조적 비즈니스로 결실을 맺도록 사실에 토대를 두고 탐구하는 관점이 중요합니다.

큰 성취를 위해서는 보통의 생각이 아닌 더 혁신적인 방법 이른바 '문샷 싱킹(Moonshot Thinking)'이 필요하다. 이는 10%의 개선을 목표로 하는 것이 아니라 비약적 사고를 통해 100%의 성취를 겨냥하는 것을 말한다.

1962년 미국 케네디 대통령은 '우리는 달에 가기로 했습니다.'라는 연설을 통해 모든 사람의 귀를 의심케 하는 원대한 계획을 발표했다. 달나라로 인류를 보내겠다는 그의 계획은 모든 인류를 희망에 부풀게 하는 데 충분했다.

그의 담대하고 야심찬 계획은 1969년 7월 아폴로 11호가 달 착륙에 성공하며 드라마틱한 '해피엔딩'으로 마무리된다.

그렇다! 10배 혁신을 목표로 삼으면 근본에서부터 생각이 달라져야 한다. 기존 방식보다는 좀 더 창의적인 방법에 의존하게 되며 무엇보다 도전할 수 있는 용기를 얻게 된다. 이제는 개인도 문샷(Moonshot)을 추구해야 한다.

제2장

당신의 빨간풍선을 찾아라

Chapter 01

문샷 싱킹, **빨간** 풍선을 찾아라

워런 버핏은 열한 살이던 1941년에 생애 첫 주식투자를 시작했다. 당시 그는 '시티즈 서비스'라는 회사의 우선주를 누나와 함께 주당 38.25달러에 각각 3주씩 매수했다. 그 뒤 주가는 27달러까지 떨어졌고 초조했던 두 아이는 주가가 40달러를 회복하자 곧바로 팔아치웠다. 그런데 버핏이 팔고 나서 몇 달 뒤 그 주식은 202달러까지 뛰어올랐다.

간신히 낙제를 면한 첫 투자에서 버핏은 아마 속이 상당히 쓰렸을 것이다. 그로부터 75년이 흐른 지금 '투자의 귀재'로 불리는 워런 버핏은 세계적인 갑부로 명성을 날리고 있다. 현재 버핏의 재산은 빌 게이츠(830억 달러)에 이어 722억 달러(약 79조 원)로 세계 2위에 올라 있다.

블룸버그 통신에 따르면 200억 달러 이상의 재산을 소유한 억만장자는 전 세계적으로 서른여덟 명이라고 한다. 그들이 주요 억만장자의 재산이 늘어나는 데 걸린 시간을 분석한 결과를 보면 '버핏의 재산 중 627억 달러는 쉰 살 이후 벌어들인 것'이다. 중년기에 늘어난 재산이 약 600억 달러이므로 돈을 불린 기간만 따지면 버핏은 '대기만성형 갑부'에 속한다.

구체적으로 버핏의 재산은 예순여섯 살이던 1997년 5월 200억 달러를 넘었는데, 이는 회사에 본격적으로 투자하기 시작한 1969년 6월을 기준으로 삼았을 때 총 27년 11개월이 걸린 셈이다. 반면 빌 게이츠는 200억 달러를 넘기는데 21년 7개월이 걸렸고 오라클의 CEO 래리 앨리슨(Larry Ellison)은 22년 5개월이 걸렸다.

이러한 결과는 이때까지만 해도 200억 달러 이상의 슈퍼 리치가 탄생하는 데 보통 20년 이상의 기간이 필요했음을 보여준다.

근래 들어 '부자 탄생 기간'이 짧아지고 있다. 예전과 달리 최근 두각을 나타내는 2세대 슈퍼 리치들은 단기간에 '자산 200억 달러' 고지를 밟고 있다.

아마존의 CEO 제프 베조스(Jeff Bezos) 16년, 알리바바닷컴 회장 마윈(馬雲) 15년, 구글 창업자 세르게이 브린(Sergey Brin)과 래리 페이지(Larry Page) 9년 등이 대표적이다. 신기록은 페이스북의 CEO 마크 저커버그(Mark Zuckerberg)가 세웠다. 그는 200억 달러의 자산을 만드는 데 불과 8년 1개월밖에 걸리지 않았다.

이것은 보통의 생각으로는 가능하지 않으며 여기에는 혁신적인 방법, 이른바 문샷 싱킹(Moonshot Thinking)이 필요하다. 이는 10퍼센트 개선을 목표로 하는 것이 아니라 비약적인 사고를 통해 10배의 혁신에 도전하는 것을 말한다.

이때 인용하는 것이 1962년 존 F 케네디 미국 대통령의 '우리는 달에 가기로 했습니다'라는 연설이다. 그는 이 연설을 통해 모든 사람의 귀를 의심케 하는 원대한 계획을 발표했다.

당시만 해도 달나라는 토끼들이 떡방아 찧는 곳으로만 알았던 인류에게 달에 가는 것은 꿈같은 일이었으니 그의 계획은 모든 인류에게 희망을 심어주기에 충분했다. 결국 그의 담대하고 야심찬 계획은 1969년 7월 아폴로 11호가 달 착륙에 성공하면서 드라마틱한 '해피엔딩'으로 마무리되었다.

이렇게 10퍼센트가 아닌 10배의 혁신을 목표로 삼으면 근본에서부터 생각이 달라진다. 이 경우 사람들은 기존의 방식보다 더 창의적인 방법을 강구하며 특히 도전하려는 용기를 얻는다. 이제는 개인도 문샷을 추구해야 한다.

▌**부자의** 탄생, **스노우볼** 효과

과거에 부자들이 몇 십 년간 모아야 했던 재산을 몇 년 안에 불린 억만장자들은 세계화와 통신기술 발달, 규제 완화 등의 덕을 보았다. 그 기간을 단축한 일등공신은 단연 기업공개(IPO)다. 대표적으로 저커버그와 마윈은 모두 IPO를 통해 일약 억만장자의 반열에 올랐다. 이를 두고 〈월스트리트 저널〉은 다음과 같이 분석했다.

"기업공개와 인수합병(M&A)이 새로운 억만장자를 탄생시키는 주요 창구 역할을 하고 있다."

상장이 '잭팟'으로 작용하는 이유는 시장의 자금 동원력이 커졌기 때문이다. 무엇보다 일반 대중이 주식시장에 뛰어들었고 간접투자 상품인 펀드의 규모도 커졌다. 또한 금융시장 개방과 통신기술 발달로 전 세계 투자자가 한 곳을 향해 뛸 수 있게 되자 세계 금융시장이 대폭발을 일으키고 있다.

덕분에 국경의 개념이 무의미해졌고 무주공산이 된 지구 위로 돈이 돌진하면서 IPO를 통해 창업자나 기존 주주가 돈방석에 앉을 확률이 높아졌다.

자본의 '스노볼 효과(Snowball Effect)'도 부자 탄생에 걸리는 시간을 줄이는 요인이다. 처음에는 조그만 눈뭉치였지만 굴리면 굴릴수록 커져 눈사람을 만들 수 있듯, 돈이 돈을 버는 속도(자본수익률)가 빨라지면서 부자의 재산은 과거에 비해 더 빠르게 증식되고 있다.

미국 경제연구소(NBER)가 미국인의 소득증가율을 분석해 발표한 최근 보고서에 따르면 소득 상위 1퍼센트 부자들이 25세에서 55세가 될 때까지 총 소득증가율은 1,500퍼센트인 반면, 같은 기간 평범한 미국인의 소득증가율은 38퍼센트에 그쳤다고 한다. 격차가 엄청남을 알 수 있다.

더욱이 '상속의 시대'가 오면 부자가 탄생하는 격차는 더욱 벌어질 전망이다. 그런 이유로 보고서를 작성한 미네소타 주립대학의 파티 구베넨(Fatih Guvenen) 교수는 다음과 같이 말했다.

"일반 근로자의 소득이 매년 1퍼센트 늘었다면, 상위 1퍼센트에 속하는 부자의 소득증가율은 매년 9퍼센트였던 셈이다."

큰 성취를 이룬 사람들은 10퍼센트를 개선하는 것보다 10배 좋게 만드는 것이 더 쉽다고 말한다. 언뜻 말장난 같지만 여기에는 그럴 만한 이유가 있다. 사실 10퍼센트를 개선하려 하면 기존의 방식에서 좀 더 나은 방법을 찾게 마련이다. 반면 10배 더 나은 방식을 찾기 위해서는 기존의 방식을 버리고 근본적인 생각부터 달라져야 한다.

가령 달을 정복하는 것은 기존의 방법으로는 어렵고 보다 창의적인 방식을 찾아야 가능하다. 즉, 기존의 방식에서는 감히 상상조차 할 수 없는 급진적 혁신을 추구해야 한다. 꿈의 크기가 달라지면 마음자세부터 바뀌고 꿈을 이루기 위해 전혀 다른 해결책, 보다 창의적인 방식을 찾게 된다. 물론 이를 위해서는 큰 꿈을 꾸고 불가능을 향해 달려가는 용기가 필요하다.

민간 우주선 개발업체 스페이스 X와 전기자동차 회사 테슬라의 최고경영자인 일론 머스크(Elon Musk)는 2030년 화성에 식민지를 건설하고 우주 인터넷으로 지구와 화성을 연결하겠다는 황당한(?) 계획을 발표했다.

평범함에서 한참 벗어난 '또라이' 기질도 있고 오지랖도 태평양처럼 넓은 머스크의 말에 따르면 개선이 아닌 혁신만이 인생에서 최고의 전율을 느끼게 해준다고 한다. 그는 '인류를 달나라에 보내겠다'고 말한 존 F. 케네디의 위대한 꿈에서 커다란 영향을 받았다고 하는 그의 기상천외한 얘기를 들어보자.

"달에 가겠다는 상상을 하려면 현실을 10배, 100배 혁신해서 생각하고 행동해야 한다. 나는 이런 생각으로 회사를 세웠고 또 계속해서 배우고 있다. 나는 화성으로 갈 것이다. 화성에 내 영속적인 '화성 지사'를 완성하는 것이 최종 목표다."

넓은 오지랖과 또라이 기질에서 머스크에 결코 뒤지지 않는 인물이 바로 아마존의 설립자 제프 베조스다. 우주개발 사업에 푹 빠져 우주기업 블루 오리진(Blue Origin)을 설립한 그는 최근 4회 연속 로켓 발사체 귀환 시험에 성공했다. 로켓 발사체를 재사용하면 우주선 발사 비용을 10분의 1로 줄이는 것이 가능한데, 이는 곧 우주여행 비용을 획기적으로 낮출 수 있음을 의미한다.

그는 자신이 아마존을 시작하고 글로벌 유통 및 콘텐츠 산업을 근본부터 혁신한 계기는 '아폴로 11호의 달 착륙'에 있다고 말했다. 다섯 살 때 TV에서 인간이 달에 착륙하는 장면을 보고 꿈을 키워온 그는 자신이 품은 꿈을 자라나는 어린이, 청소년과 나누고 싶다고 했다.

실제로 그의 개인 홈페이지에는 1962년 9월 12일 존 F. 케네디 대통령이 했던 그 유명한 라이스 대학 연설이 실려 있다.

"우리는 달에 가기로 했습니다. 이것이 쉬워서가 아니라 어려운 일이기 때문에, 이 목표가 우리의 에너지와 기술 수준을 정비하고 그 한도를 측정할 기회이기 때문에, 우리가 기꺼이 받아들여야 할 도전이고 뒤로 미루기 쉬운 도전이며 우리는 물론 다른 이들도 성공하고자 하는 도전이기 때문에, 다음 10년이 시작되기 전에 달에 가기로 했습니다."

그렇다!! 10배 혁신이 목표라면 근본부터 생각이 달라져야 한다. 기존의 방식을 버리고 더욱 창의적인 방법을 찾으면 무엇보다 도전할 용기를 얻는다. 즉, '달나라에 가자'는 목표가 생길 경우 가슴속에 꿈이 생기고 보다 창의적인 방법을 궁리하게 된다.

이런 이유로 구글은 "문샷 싱킹을 하려면 일단 문제의식(Huge Problem), 근본적인 해결 방식(A Radical Solution) 그리고 혁신적인 기술(The Breakthrough Technology)이 필수조건이다"라고 설명한다.

지금부터 사람들이 문샷 싱킹을 어떻게 적용하고 있는지 구체적인 사례를 살펴보자.

▌천재들은 어떻게 빨간 풍선을 찾았을까?

미국 펜타곤, 즉 국방부의 여러 개발부서 중에서도 가장 최첨단 기술을 연구하는 곳이 '방위고등연구계획국(DARPA, Defense Advanced Research Project Agency)'이다. 인터넷을 탄생시킨 이곳에서 2009년 인터넷 탄생 40주년을 맞아 재미있는 이벤트를 기획했다. 같은 해 12월 1일 미 국방부 홈페이지에 발표된 이벤트 내용은 다음과 같다.

'미국 전역에 흩어진 빨간 풍선 열 개의 정확한 위치를 가장 먼저 찾는 팀에게 4만 달러의 상금을 수여한다.'

이것은 DARPA가 인터넷의 정보 확산 속도와 정확도를 실험하기 위해 실시한 이벤트였다. 이 이벤트에는 모두 4,000여 팀이 참가했는데, 그들은 다양한 방법과 인터넷 기술을 동원해 10개의 빨간 풍선을 찾기 시작했다.

경기 시작 직전인 12월 5일 아침 DARPA는 비밀리에 미국 전역 공공장소에 지름 2.5미터의 빨간 풍선 열 개를 설치했다.

샌프란시스코의 어느 광장에서는 아침 안개를 헤치고 커다란 풍선이 하늘로 올라갔고, 플로리다의 뜨거운 햇살 아래에도 풍선이 떠올랐다. 그 장소는 철저히 비밀에 붙여졌고 참가 팀은 어떤 방법으로든 그 장소를 찾기만 하면 그만이었다.

과연 어떤 결과가 나왔을까? 참가 팀은 풍선을 찾았을까? 어떤 팀이 우승을 했을까? 우승팀이 열 개의 풍선을 찾는 데 걸린 시간은 어느 정도일까?

처음에 주최 측이 예측한 소요시간은 9일이었다. 어떤 슈퍼컴퓨터를 동원해 계산해도 풍선을 모두 찾는 데 소요되는 최단시간은 9일로 나왔다. 하지만 우승팀은 예상을 뒤엎고 단, 9시간 만에 열 개의 풍선을 모두 찾아내 상금 4만 달러를 거머쥐었다.

주최 측뿐 아니라 미국 전역을 경악하게 만든 '기적'의 주인공은 바로 MIT 학생들로 구성된 미디어랩 팀이었다. 이들은 대체 어떤 방식으로 그토록 빨리 빨간 공을 찾아낸 것일까? 방법은 의외로 단순했다.

그들은 '웹2.0'으로 부활한 인터넷의 개방과 공유 정신을 활용한 것이다. 즉, 소셜 미디어 네트워크를 통한 집단지성의 활약이 컸다. MIT팀은 정보 트래픽이 많은 사이트와 블로그에 풍선 찾기 이벤트 소식을 알리고 트위터와 페이스북으로 서포터들을 모집했다.

여기까지는 그리 색다를 것이 없고 이 정도 아이디어는 인터넷을 좀 하는 사람이면 누구나 떠올릴 만한 생각이다. 그럼에도 불구하고 이 방법으로 모두가 성공한 것은 아니었다. 왜 그럴까? 누구나 성공적으로 SNS를 활용하기 힘든 이유는 모두에게 경쟁 심리가 작용하기 때문이다.

다시 말해 자신이 풍선을 찾으면 상금을 받을 수 있는데 굳이 정보를 서로 공유해 내 기회를 남에게 넘겨줄 필요가 없다고 생각하는 것이다. 결과적으로 그들은 이러한 이벤트가 있다는 사실 자체도 널리 알리려 하지 않았다.

이것은 단순한 경쟁 심리를 넘어 집단지성을 가장 위협하는 요인이자 그것을 쉽게 깨뜨릴 수 있는 위험인자다. MIT팀은 바로 이 부분에서 기지를 발휘했다.

그들은 경쟁 심리를 줄이고 집단지성에 동참하는 것이 이익이 되는 모델을 구상했다! '상금 가지치기'라는 인센티브 방식을 창안해 대중의 자발적 참여를 유도한 것이다.

그러면 MIT팀이 빨간 풍선을 찾기 위해 구사한 성공 방정식을 좀 더 구체적으로 살펴보자.

MIT팀은 트위터 등의 소셜 미디어를 적극 활용해 그들에게 협력한 사람과 상금을 '가지치기' 방식으로 나눠 갖기로 했다. 혼자 독점하는 것이 아닌 이 방법이 네티즌의 적극적인 호응을 얻으면서 국방부가 예상한 9일이 아닌 9시간 만에 4만 달러짜리 빨간 풍선을 모두 찾아낸 것이다. 먼저 이들은 소셜미디어 네트워크를 통해 다음과 같이 홍보를 했다.

'빨간 풍선을 찾는 사람에게 2,000달러의 상금을 주겠다! 당신이 찾지 못해도 상관없다. 빨간 풍선을 찾고 있다는 소식을 주변에 전파하기만 해도 이익을 얻을 수 있다!'

이것은 내가 직접 풍선을 찾으면 2,000달러를 받고 내가 그 소식을 전해 내 친구가 풍선을 찾으면 친구는 2,000달러, 나는 1,000달러를 받는 식이다.

예를 들어 데이비드가 빨간 풍선을 직접 찾아냈을 경우 그는 2,000달러를 받는다. 만약 그가 트위터에서 캐롤을 통해 풍선 찾기 이벤트를 알아냈다면 캐롤은 데이비드가 받은 상금의 절반인 1,000달러를 받는다.

캐롤 역시 밥이 보낸 문자메시지를 통해 풍선 찾기 정보를 알았다면 밥은 캐롤이 받은 상금의 절반인 500달러를 받는다. 또다시 밥에게 이 이벤트를 페이스북으로 알려준 앨리스도 밥이 받은 상금의 절반인 250달러를 받는다. 상금은 이런 식으로 가지를 쳐서 그림처럼 아래로 내려간다.

이처럼 MIT팀은 '데이비드 – 캐롤 – 밥 – 앨리스'로 이뤄진 네 명의 연결고리를 통해 풍선을 찾았는데, 이를 계산해보면 풍선 하나에 총 3,750달러(2,000+1,000+500+250)의 비용이 든 셈이다. 이것이 '상금가지치기' 방식의 원리이다.

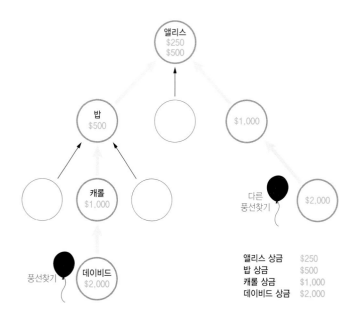

앨리스
$250
$500

밥
$500

$1,000

캐롤
$1,000

다른
풍선찾기

$2,000

풍선찾기

데이비드
$2,000

앨리스 상금	$250
밥 상금	$500
캐롤 상금	$1,000
데이비드 상금	$2,000

   만약 풍선을 찾는 데 수십 혹은 수백 명의 연결고리가 생겼다면 MIT팀이 지불해야 할 돈은 기하급수적으로 늘어나지 않을까? 혹시 상금이 무한대로 늘어나 오히려 MIT팀이 손해를 보는 것은 아닐까? 그렇지 않다. 이것은 고등학교 수학에 나오는 등비급수의 합으로 계산해보면 쉽게 알 수 있다.

   아무리 수십, 수백 명의 연결고리가 있더라도 그것의 합은 2×(풍선당 배당된 상금)이므로 풍선 하나를 찾는 데 들어가는 돈은 최대 4,000달러다. 다시 말해 이 방법을 사용하면 풍선 열 개를 찾는 비용은 1등 상금인 4만 달러를 결코 넘지 않는다.

   연결고리의 최종 제보자에게 2,000달러를 제시한 이유가 여기에 있다. 그 액수라면 결코 손해 볼 것 없는 시도이기 때문이다.

▌ 집단 지성과 금전적 인센티브의 만남

빨간 풍선 이벤트에 참여한 MIT팀은 게임의 법칙을 바꿨다. 그들이 정보 공유에 따른 인센티브를 제시하자 이벤트 소식은 인터넷을 통해 급속히 퍼져 나갔다. 이것이 9시간 만에 열 개의 풍선을 찾아낸 MIT팀의 성공 비결이다.

즉, 상금이 가지를 치자 수많은 사람이 경쟁관계가 아닌 공조관계를 형성했다. 내가 풍선을 찾아낼 확률은 낮지만 다른 사람이 풍선을 찾도록 도와줌으로써 내가 상금의 일부를 공유할 수 있다는 사실이 협력과 확산을 불러일으킨 것이다.

이처럼 MIT팀은 경쟁 심리를 극복하는 집단지성의 구조를 고안한 덕분에 우승을 차지했다. 이는 자신의 이익을 우선시하는 인간의 이기심을 역이용해 협력의 깃발 아래 모이게 만든 아이디어다. 비록 장난기 어린 이벤트였지만 MIT팀의 시도는 요즘 많은 기업이 고민하는 소셜 네트워크와 이를 통한 수익모델 창조라는 물음표에 새로운 희망의 풍선을 띄우고 있다.

MIT 공학박사 장영재 교수는 〈위클리 비즈(Weekly Biz)〉에 'MIT 천재들은 어떻게 빨간 풍선을 찾았을까?' 라는 기고를 통해 빨간 풍선의 교훈을 설명했다.

MIT팀이 보여준 첫 번째 희망의 메시지는 바로 집단의 강력한 힘이다. 한 개인의 힘은 보잘것없지만 수많은 개인의 시선이 한곳으로 모이면 폭발적인 힘을 발휘한다. 집단지성으로 표현되는 개인이 모여 집단의 강력한 힘을 이룬다는 개념은 인터넷 백과사전 위키피디아나 오픈소스 커뮤니티를 창조해냈다.

하지만 기업은 많은 개인이 서로 협력해 함께 목표를 이루는 것은 유토피아적 아이디어이긴 해도 지속적인 사업으로 영위하는 데는 한계가 있다는 우려를 표명하고 있다.

실제로 위키피디아의 경우 사이트를 관리하고 유지하는 데 어려움을 겪고 있다고 공식적으로 발표한 바 있다. 그러나 MIT팀은 이 한계를 극복할 수 있는 솔루션을 보여줬다.

MIT팀은 풍선을 찾는 이에게 2,000달러를 준다는 상금을 내걸었다(물론 MIT팀이 최후의 승자가 되었을 경우). 이런 단순한 금전적 보상에는 문제가 있다. 풍선은 열 개로 한정되어 있다.

따라서 상대방이 먼저 찾으면 내가 풍선을 찾을 기회는 줄어든다. 결국 서포터들은 서로 돕는 것이 아니라 경쟁하고 정보를 공유하지 않을 수 있다.

경제학의 '게임이론'에서 말하는 것처럼 상대방의 선택이나 결과가 내 결과에 영향을 미쳐 상대방의 승리가 곧 내 패배인 경쟁 관계로 내몰리기 때문이다. 이는 각 개인이 서로 도와 거대한 지성을 창조해야 하는 집단지성에 반하는 구조다.

MIT팀은 이를 극복하기 위해 주요 정보를 제공한 사람에게도 인센티브를 주는 방식을 고안해냈다. 이 게임에서 한 개인이 홀로 풍선을 찾아낼 확률은 매우 낮다. 상금 2,000달러의 일부라도 받으려면 게임 정보를 지인들과 공유해 자신이 직접 찾지는 못해도 지인들이 찾도록 하는 편이 낫다.

이처럼 이익의 일부라도 공유할 수 있다는 사실은 사람들에게 강한 인센티브로 작용했다. 즉, 상금 가지치기를 통한 인센티브는 MIT팀을 지원하는 수많은 군중 사이에 경쟁관계가 아닌 공조관계라는 긍정적 사슬을 형성했고 이로써 서포터들은 전국으로 빠르게 퍼져 나갔다.

집단이 협력한다는 집단지성의 유토피아적 아이디어와 잘 고안한 금전적 인센티브 구조가 결합해 상상도 할 수 없던 결과를 창조해낸 것이다.

그렇다! 빨간 풍선 이벤트는 새로운 환경에 대처하는 새로운 비전과 그 가능성을 보여주고 있다. 이렇게 집단을 경쟁이 아닌 공조관계로 바꿔놓은 사례는 애플의 아이폰에도 나타난다.

애플은 자사의 기술을 일부 공개해 어떤 개발자든 아이폰의 애플리케이션을 개발하도록 길을 열어주었다. 그리고 수익을 적절히 나누는 환경을 조성해 개발자의 의지에 강한 불을 지폈다. 애플의 이 정책은 개발자와 애플이 윈윈(Win-Win)하는 동시에 다른 개발자들끼리도 윈윈하도록 만드는 전략이다. 애플은 전 세계 개발자들을 '아이폰을 더 편하고 보다 나은 스마트폰으로 만들어주는 애플 서포터'로 변모시켰다.

이는 마치 MIT팀이 미국 전역에서 DARPA의 이벤트를 접한 이들을 순식간에 자신의 서포터로 변모시킨 것과 같다.

현대 비즈니스는 거대한 지각 변동을 맞이하고 있다. 기업 간 경쟁을 전쟁에 비유해보면 과거에는 강력한 리더십 아래 조직이 뚜렷한 전선을 사이에 두고 일사불란하게 맞서 싸우는 형태였다. 적도 분명하고 전선도 명확했다.

하지만 현대 비즈니스는 전선도 없고 적과 동지를 구분하기도 모호한 일종의 게릴라전과 같다. 고객은 때로는 자사의 개발자지만 또 때로는 경쟁사의 홍보부장이 되기도 한다.

이 새로운 패러다임에 맞서 많은 기업이 새로운 생존 전략을 모색하고 있다. 결국 MIT팀이 찾아낸 것은 단지 풍선뿐이 아니었다. 그들이 찾아낸 것은 바로 새로운 환경에 대처해야 할 기업의 새로운 비전과 그 가능성이었다.

무언가 새로운 것이 등장해 게임의 법칙을 바꿀 때 사람들은 감탄하고 감동하며 그리고 도전한다. MIT팀이 성공한 이유는 발상을 바꿔 '상금 가지치기'라는 인센티브 방식으로 서포터를 모집함으로써 게임의 법칙을 바꾸었기 때문이다.

▎MIT팀의 '상금 가지치기' 실제사업 적용

10퍼센트를 개선하는 것은 혼자서도 할 수 있지만 10배로 혁신하는 것은 결코 혼자서 할 수 없다. 즉, 10배로 혁신하는 것은 경영자 혼자만의 아이디어와 노력으로는 불가능하며 다른 사람과의 협업(Collaboration)을 통해서만 가능하다. 10배로 혁신하려면 여러 사람이 아이디어를 모아 함께 해결해야 한다.

예를 들어 매출액이 300억 원인 회사가 330억 원의 매출을 올리는 것은 CEO나 뛰어난 영업사원 한 명으로도 가능하지만, 3,000억 원의 매출을 올리려면 전 직원이 아이디어를 내고 혼연일체가 되어 뛰어야 한다.

아무튼 앞의 이벤트 이야기에 나오는 MIT팀의 문제해결 능력은 눈부시지만 사실 마케팅 분야에서는 이들이 채택한 방식이 그다지 새로운 것이 아니다. 이와 유사한 기법이 이미 오래전부터 공격적이고 혁신적인 마케팅 방식으로 널리 알려졌고 실제로 비즈니스 현장에서 쓰이고 있다.

이것은 한국에서 공식적으로 '회원직접판매'라고 불리며 MLM 혹은 MGM(Members Get Members) 마케팅 등으로 알려져 있는데, 흔히 네트워크(Network) 마케팅으로 통칭한다.

이 방식에서는 어떤 제품 및 서비스를 사용해본 소비자가 그 우수성을 인정해 스스로 소비를 하는 한편 주변 사람에게 자발적으로 광고(권유)를 한다. 이때 새로운 소비자가 다시 또 다른 사람에게 광고하는 과정이 무한 반복되면서 점차 범위가 넓어진다. 이처럼 MIT팀의 '상금 가지치기' 원리는 혁신적인 판매 방법으로 오래전부터 실제 사업에서 이용되어 왔다.

그러면 왜 '상금 가지치기'의 마케팅판인 MGM 마케팅을 유통의 혁신이라 부르는지 살펴보자.

총판, 대리점, 소매점으로 연결된 과거의 유통구조는 제품의 품질 향상이나 소비에 전혀 관여하지 않고 오로지 유통비용만 상승시키는 주범이었다. 이것은 수익모델 자체가 유통비용을 증가시켜야 존립이 가능하므로 이것을 흔히 고장 난 모델(Broken Model)이라고 부른다.

물론 이것은 팩스나 080 전화, 택배 시스템, 인터넷, 이메일 등 첨단기술이 없던 과거에 성행하던 방식이었다. 오늘날에는 최첨단 물류 시스템, 인터넷 전자상거래, 이메일, 080 자동주문 전화 등이 잘 갖춰져 있고 오래된 이 모델은 더 이상 통용되지 않는다. 도산하는 많은 대형 유통업체가 고장 난 이 유통모델이 더 이상 유효하지 않다는 것을 증명한다.

회원직접판매 방식에서는 유통의 중간단계를 과감히 제거하고 제품을 공장에서 소비자(디스트리뷰터)에게 직접 배송한다. 이를 통해 절약한 막대한 중간유통비와 광고비는 제품의 품질 향상에 투자하는 한편 회원들에게 돌려주는 캐시백으로 활용한다.

이런 과정을 통해 소비자는 단순 소비자를 넘어 사업가로 활동할 수 있으며 이때 새로운 유통 패러다임에 참여할 기회를 얻는다. 이처럼 돈을 쓰면서 돈을 버는 구조이기 때문에 네트워크 마케팅을 '유통의 혁신'이라고 부르는 것이다.

역사적으로 각 시대마다 세상에는 부자들이 탄생했다.

농업시대에는 토지를 많이 소유한 사람이 부자였다. 즉, 열심히 일한 사람은 농민이었지만 그 과실, 즉 부(富)는 지주들의 몫이었다. 산업시대에는 제조를 기반으로 한 기업들이 등장하면서 공장 소유주나 사업가가 부를 쌓았다.

물론 열심히 일한 사람들은 고용인·직장인들이었으나 그 과실은 거의 기업가들의 몫이었다. 특히 많은 자본과 기술을 무기로 시스템을 구축한 사람들은 대기업으로 성장했고 부가가치는 그들의 몫이었다.

이 대목에서 중요한 것은 부를 쌓는 사람은 그들이 뛰어나서라기보다 산업의 중심축이 바뀌는 시기(추세)에 적절히 대응한 결과로 막대한 부를 구축한다는 사실이다.

인터넷을 기반으로 한 21세기에는 그 중심축이 '회원'에 있다. 이를 알아챈 기업은 열심히 회원을 모으고 있다(정유회사, 마트, 백화점 등). 마찬가지로 회원 우대 비즈니스 시대가 열리면서 옥션, 지마켓, 이베이 등 각종 사이트가 회원을 자산 삼아 비즈니스를 펼치고 있다.

시대의 변화와 함께 우리가 주목해야 할 방식 중 하나는 바로 네트워크 마케팅 비즈니스다. 우리가 매일 사용하는 일상생활 용품을 지인에게 저렴하고 합리적인 금액으로 소개함으로써 광고 및 유통비를 절약해 회원에게 돌려주는 사업모델이기 때문이다. 이 혁신적인 유통 방식은 개개인에게 부의 주인공이 될 사업기회를 제공하고 있다.

얼마 전 별세한 미래학자 앨빈 토플러는 오래전에 자신의 책 《제3의 물결》과 《부의 미래》에서 많은 지면을 할애해 프로슈머 경제 탄생을 예견했다. 프로슈머(Prosumer = Producer + Consumer)란 소비자인 동시에 사업자인 신경제의 주역을 일컫는 신조어로 네트워크 마케팅을 통해 유통혁명에 동참하는 신인류를 뜻한다.

유통혁명인 직거래 시스템(회원직접판매)에서는 과거에 중간유통업자가 차지하던 그 막대한 유통비용을 제품의 연구개발 및 품질 향상을 위해 투자하는 한편 디스트리뷰터(소비자이자 사업자)에게 캐시백으로 되돌려준다.

과거에 상상하지 못하던 이러한 부의 분배 방식은 그 혁신성으로 인해 많은 우여곡절을 겪기도 했다. 하지만 이제는 미국을 포함한 선진국은 물론 한국에서도 그 합법성을 인정받아 보편화의 길로 나아가고 있다. 한마디로 이 마케팅은 개인의 선호에 관계없이 트렌드를 선도하는 혁신적인 사업기회를 제공한다.

Chapter 02

준비 없는 미래는 재앙과 같다

인류에게 4차 산업혁명은 분명 새로운 전환기다. 이것은 거의 모든 국가에서 대다수 산업을 분열시키고 생산, 관리, 경영 등 전체 산업 시스템에도 커다란 변화를 불러올 것이 자명하다.

가령 수십억 명이 거의 무한대의 처리 능력, 저장 용량, 지식 접근성을 갖춘 모바일 기기로 연결되면 인류의 가능성도 당연히 무한대로 늘어난다. 나아가 세계인의 소득 수준은 전체적으로 높아지고 삶의 질도 개선된다.

효율성과 생산성이 높아져 수익이 보장될 경우 공급 중심의 경제에 큰 변화가 따를 것이다. 가령 교통과 통신 요금이 감소하고 물류와 공급 체인의 효율성이 높아지면 무역에 따른 비용은 줄어들고 새로운 시장이 열리면서 경제성장을 견인할 수 있다.

각국의 유통 환경도 빠른 속도로 변화하고 있다. 가장 선도적인 기업은 바로 아마존이다. 인터넷 서점으로 출발해 현재 전 세계 소비자에게 약 3억 7,000만 개의 제품을 판매하는 아마존은 '모든 것을 파는 상점(The Everything Store)'으로 불린다.

아마존은 드론(무인항공기) 배송에도 가장 적극적이다. 이미 2.3킬로그램 이하 물품을 16킬로미터 범위 내에서 30분 안에 배송하는 것을 목표로 '프라임 에어' 서비스를 개발 중이다.

그리고 버튼만 누르면 휴지나 세제를 바로 주문할 수 있는 아마존의 '대시(Dash)'는 센서를 활용해 사물인터넷 기술을 적용한 사례다. 버튼을 누를 필요도 없이 프린터에서 토너가, 애완동물 급식기에서 사료가 떨어질 때쯤 자동으로 아마존에 주문을 하는 서비스도 시행하고 있다.

세계 최대 인터넷 기업인 구글도 '프로젝트 윙'이란 이름으로 드론 배송을 연구 중이며 일부는 시행하고 있다. 또한 자율주행 트럭을 이용한 물품 배송 기술특허도 받았다. 이것은 무인 배송 트럭이 집 앞에 도착하면 온라인 주문을 할 때 정한 비밀번호 등을 활용해 트럭 소포함에서 구매 물품을 꺼내는 방식이다.

한국에서도 오픈마켓, 소셜커머스 등 각종 형태의 유통업체들이 점점 스마트해지고 있다. 백화점과 마트도 온라인 쇼핑몰을 강화하고 있는데 이들은 쇼핑을 하면서 바코드 스캐너로 원하는 품목을 스캔하면 정해진 날짜와 장소에 배송해주는 '카트가 필요 없는 쇼핑' 서비스를 준비 중이다.

자체 배송직원 쿠팡맨과 빠른 '로켓배송'을 도입한 쿠팡은 공동구매 형식의 소셜커머스에서 벗어나 '한국의 아마존'을 지향하고 있다. 이들 업체가 최저가 경쟁을 벌이고 있으니 소비자들은 그저 반가울 따름이다.

몇 년 뒤에는 자동번역기가 일반화돼 국내 유통업체의 보호막이던 '언어장벽'이 사라질 것이라는 전망이 나오고 있는데, 이는 역으로 국내 기업이 해외로 진출할 절호의 기회이기도 하다. 정보통신기술(ICT)에 강한 한국은 기술이 상상을 뒷받침해주는 요즘 같은 시대의 이점을 충분히 활용해야 한다.

지금은 최저가 승부만으로는 한계가 있으므로 제조와 유통 생태계를 견고히 다지고 새로운 부가가치를 창출하는 유통혁명을 선도해야 한다. 오늘날 커다란 화두로 떠오른 유통산업에서 무한한 기회를 잡아야 하는 것이다.

▎정보에 어두운 것이 곧 문맹이다

얼마 전까지만 해도 소수만 디지털 기술의 '개화'를 즐겼으나 4차 산업혁명으로 더 많은 사람이 인터넷이 제공하는 정보에 보다 쉽게 접근하고 있다. 새로운 기술로 제품 및 서비스의 효율이 높아지면서 많은 사람이 편의와 즐거움을 누리고 있는 것이다.

예를 들어 택시 및 항공 예약이나 물건 구매는 물론 음악, 영화, 게임 등을 모두 원격으로 누릴 수 있다. 원격 의료 서비스는 의료비 부담, 고령화 문제 등 수십 년간 해결하지 못한 문제를 단번에 해결할 길을 열어주고 있다. 4차 산업혁명은 이미 인류의 삶에 긍정적인 효과를 내고 있다.

다른 한편으로 많은 학자가 지적하듯 이 새로운 산업혁명이 계층과 국가별로 더 큰 불평등을 야기할 가능성도 있다. 그중에서도 특히 노동시장을 붕괴시킬 확률이 높다. 경제 전반에 자동화 시스템이 도입되어 노동력을 대체하면 자본수익과 노동수익의 차이는 더 커질 수밖에 없다.

구조조정을 비롯해 노동시장의 전반적인 불안정은 사회적 긴장을 높이는 요인이다. 이는 안정적인 일자리가 전체적으로 감소할 것이 분명하다. 비록 고도로 숙련된 노동자에 대한 수요는 늘겠지만 교육이나 기술이 덜 필요한 일자리는 크게 줄어 고용시장의 양극화가 심화될 것이다.

이런 상황에서 중산층이 불안해하고 불평등에 대해 불만을 토로하는 것은 당연한 일이다. 중산층을 위협하는 승자독식 경제는 어쩌면 민주주의의 쇠락을 불러올지도 모른다.

물론 트렌드 전문가들은 중산층 붕괴를 야기할 사회적 분열이 급격히 진행될 가능성은 낮다고 예상한다. 사회적 긴장은 노동시장 변화 속도에 따라 그 강도가 다르게 형성되기 때문이다.

새로운 시대에는 현재의 중산층을 대신할 새로운 중산층 인간형이 나올 것이라는 예상이 우세하다. 이때는 잭 웰치(Jack Welch)가 말한 대로 기계 같은 인간 대신 영업적 능력을 갖춘 종족, 특히 인공지능이 대체할 수 없는 감성형 지능이 높은 인간만 살아남을 것이라고 한다.

유엔(UN)의 미래 보고서에 따르면 2030년까지 20억 개의 일자리가 소멸하고 현존하는 일자리의 80퍼센트가 사라진다고 한다. 이 발표에 뒤이어 맥킨지 연구소는 일자리를 소멸시킬 열두 가지 신기술을 선정했다. 그것은 사물인터넷, 클라우드, 첨단 로봇, 무인자동차, 차세대 유전자 지도, 3D프린터, 자원 탐사 신기술, 신재생에너지, 나노기술 등이다.

미국은 이미 네 개 주에서 구글의 무인자동차를 허가했다. 이는 수년 내에 버스와 택시 등 운수업종이 소멸될 수 있음을 의미한다. 공업 기술이 버스 여차장을 소멸시킨 것처럼 무인자동차가 보편화되면 운전기사를 소멸시킬 것이다.

그뿐 아니라 충돌제어 시스템은 교통사고를, 충돌방지 시스템은 자동차보험을 소멸시키고 무인자동차 보편화로 운수업 자체가 사라진다. 나아가 전기자동차는 주유소를 소멸시킨다.

현재 3D프린터는 간단한 부품 제조는 물론 건물과 의학용 인조피부까지 프린트하고 있다. 이것이 더 발달하면 제조업이 소멸하고 글로벌 운송업도 대부분 소멸할 것이다. 로봇은 이미 대다수 단순노동을 담당하고 있고 그 영역을 교육과 의료까지 서서히 확장하고 있다.

이런 상황에서 우리에게 남은 대안은 스스로를 고용하는 '창직'이 아닐까? 모두가 1인 기업이 되는 것 말이다.

가까운 미래에 대부분의 일자리에서 팀워크가 사라지고 각자가 1인 기업의 대표가 되어 독립적으로 일할 전망이다. 당연히 월급 개념은 점차 사라진다. 대신 일자리 네트워크가 발달하면서 기술을 갖춘 사람은 네트워크를 통해 프로젝트를 수주하고, 작업을 마치면 건당 혹은 시간당 임금을 받는 형태로 바뀐다.

또한 기업에서 이사회가 사라질 것으로 보인다. 신속한 의사결정이 필요한 현대 경영에서 비용이 많이 들고 의사결정이 느린 이사회를 존속시키려 하는 이해당사자나 투자자가 있을까? 이사회 대신 투자자들이 모인 협의회에서 의사결정을 할 확률이 높다. 아마도 투자자들은 필요에 따라 수시로 협의회를 조직하거나 해산할 것이다.

이러한 전망이 지금은 다소 비현실적으로 보일지도 모르지만 미래의 변화는 이미 시작되었다.

약 200년 전, 그러니까 산업혁명 직후 자동방직기 때문에 일자리를 잃은 노동자들은 러다이트 운동(Luddite Movement, 기계 파괴 운동)을 펼쳤다. 그만큼 절박했기 때문이리라. 그러나 많은 경제학자가 이 사건을 평가할 때 '러다이트 오류'라는 표현을 쓴다. 기술과 기계의 발전으로 일부 일자리가 사라지는 것은 사실이지만 다른 한편으로 그 기술 덕분에 그보다 더 많은 일자리가 생겼기 때문이다.

실제로 인류는 지금까지 기술 발달 덕분에 물질적 풍요를 누리는 한편 지성을 확장해왔다. 예를 들어 냉장고만 열면 항상 먹을 수 있는 얼음은 불과 몇 세기 전까지만 해도 최고 권력자만 누린 호사였다.

수십 년 전까지만 해도 잘 분류해 책장에 가득 꽂아둔 신문 스크랩과 색인카드는 지식인의 무기였으나 지금은 그 지식인들이 수십 번의 생을 살아도 얻지 못할 방대한 데이터를 인터넷에서 누구나 쉽게 찾을 수 있다. 인공지능이 더 실용화되면 인간의 지식과 지성은 새로운 차원을 맞이할 것이 분명하다.

앞으로 사물인터넷, 3D프린터, 나노기술, 국경을 초월하는 도시 네트워크 등이 권력을 차지하면 지금과 전혀 다른 직업 및 교육 시스템이 보편화될 가능성이 크다.

이처럼 정보화된 미래 사회는 개인에게 위기이자 기회다. 미래에는 정보에 어두운 것이 곧 문맹이다. 즉, 죽을 때까지 계속 배워야 하는 세상이 닥친 셈이다. 이럴 때는 현재 내가 어떤 일을 하고 있고 또 전망은 어떤지 생각해봐야 한다. 준비 없이 미래를 맞이하는 것은 재앙이기 때문이다.

▌'소비의 시대' 안녕, 다섯 가지 뉴노멀

사람들은 흔히 평균, 즉 보통에 편안함을 느낀다. 평균 키나 평균 몸무게뿐 아니라 나이에 걸맞은 평균 직급, 그 직급에 따른 평균 연봉이면 특별히 속상해하지 않는다. 물론 자신이 다수에 속해 있으면 일단 마음이 불편하지 않다. 다수의 편에 속해 있을 경우 개인은 안정감과 안도감에 젖게 마련이다.

그런데 이제 상황이 바뀌고 있다. 안정감과 안도감을 주는 평균의 시대가 종말을 고하고 있기 때문이다. 이것은 최근 경제계에서 금융위기 이후 가장 주목받는 용어 중 하나인 '뉴노멀' 현상 때문이다.

'뉴노멀'이라는 용어는 2003년 인터넷 거품이 꺼진 뒤 처음 쓰였고, 2008년 금융위기 이후 출간된 모하메드 엘 에리언의 《새로운 부의 탄생》을 계기로 널리 알려졌다. 2016년 현재 뉴노멀이라는 표현이 더 자주 들려오는 것을 보면 그때나 지금이나 상황은 크게 다르지 않은 것 같다.

새로운 성장 동력을 찾아야 하는 지금은 오히려 금융위기 시절보다 체감경기 온도가 더 낮다. 저성장, 저금리, 저소비, 저고용 등 우리는 지금 낯선 용어와 마주하고 있다. 과거의 상식과 오래된 관습이 통용되지 않는 이 새로움에 우리는 어떻게 대처해야 할까? 눈에 보이는 현상 아래에 숨어 있는 본질은 무엇일까?

지금은 분명 저성장 시대다. 그런데 저성장이란 성장 속도가 줄었다는 것이지 경제 규모가 줄었다는 의미는 아니다.

저성장 시대에는 경제가 전반적으로 완만하게 상승하면서 매출도 완만하게 증가하기 때문에 비록 투자와 소비는 줄어도 돈은 쌓여나. 나시 말해 저성장을 하는 뉴노밀 시대에는 부(富)가 부족한 것이 아니라 새로운 부의 법칙에 따라 새로운 부가 탄생하는 것이다.

뉴노멀 시대의 새로운 부의 법칙은 바로 '부익부 빈익빈'이다. 부익부 빈익빈은 약육강식보다 더 무섭고 냉정하다. 약육강식은 먹잇감인 약자가 없으면 강자도 살아남을 수 없지만 뉴노멀 시대의 강자는 약자를 짓밟고 그저 강자의 길을 갈 뿐이다.

지금까지 우리가 살아온 세상에는 아주 큰 것과 작은 것이 그리 많지 않았고 약간 큰 것과 작은 것이 많았다. 이것을 정규 분포(Normal Distribution) 그래프로 그리면 가운데가 볼록한 종 모양이 나온다. 모양으로 보면 크지도 작지도 않은 평범한 중간지대, 즉 평균 상태가 주종을 이루는 세계였다.

이제 그 평균 상태가 흔들리고 있다. 그러므로 더 이상 평균의 세상에 안주하면 안 된다. 평균적인 고객에게 보통의 제품 및 서비스, 보통의 만족도를 제공하고 평균적인 성공을 얻고자 하는 자세는 날려버려야 한다. 뉴노멀(New Normal)은 결코 노멀이 아니기(Not Normal) 때문이다.

미국의 경제전문지 〈포천〉은 당분간 미국인의 일상생활에 자리 잡을 것으로 예상되는 다섯 가지 뉴노멀 현상을 다음과 같이 지적했다. 물론 이러한 현상이 미국만의 특징은 아닐 것이다.

첫째, 고실업률 추세가 장기간 이어진다.

현재 미국의 실업률은 9퍼센트대 후반으로 고공행진을 이어가고 있는데 이는 다른 나라도 마찬가지다. 일부에서는 실업률이 조금 나아질 것이라는 전망도 내놓고 있지만 장기적인 고실업률 추세가 쉽게 꺾이지 않을 것이라는 게 일반적인 관측이다.

메릴랜드 대학의 피터 모리치(Peter Morici) 교수는 〈뉴욕 타임스〉와의 인터뷰에서 실업률이 버락 오바마 정부의 목표치인 8퍼센트대 초반까지 떨어지려면 앞으로 3년간 매달 30만 개의 일자리를 창출해야 한다고 말한 바 있다. 한데 미국의 국내총생산(GDP) 증가율이 연율 3퍼센트를 기록할 때도 매달 새로 생겨난 일자리는 10만 개가 채 되지 않았으므로 이는 쉽지 않은 목표다.

둘째, 집을 구매하지 않고 임대하는 사람이 늘어난다.

서브프라임 모기지의 영향도 있겠지만 앞으로는 굳이 주택을 사지 않고 임대하는 사람이 더 늘어날 전망이다. 이는 주택 구입이 금융위기가 터지기 전만큼 유망한 투자가 아니란 의미다. 미국의 공신력 있는 주택가격지수를 보면 2006~2009년에 주택 가격은 32퍼센트 넘게 하락했다.

그 영향인지 하버드 대학 주택연구센터의 2010년 자료를 보면 2004〜2009년에 주택을 임대한 가구는 10퍼센트(340만 가구) 정도 증가했다. 말하자면 주택담보대출을 받아 집을 구입하는 것이 아니라 빌려서 사는 '임대족'이 흔해진다.

셋째, 화려했던 '소비의 시대'는 안녕을 고한다.

그동안 화려한 '소비의 시대'를 살았던 미국인은 금융위기를 겪으면서 빚을 내 흥청망청 돈을 써온 생활이 꿈이었음을 깨달 았다. 이때 냉혹한 현실을 자각한 미국인은 씀씀이를 줄이고 저 축을 늘리기 시작했다. 미 연방준비제도이사회(Fed)의 2015년 자료에 따르면 미국인의 6월 신용카드 빚은 전월 대비 45억 달 러(6퍼센트)나 줄어들었다. 신용카드 부채는 21개월 연속 감소한 반면 개인 저축률은 6.4퍼센트로 상승했는데 이는 3년 전보다 세 배 높은 수치다. 전문가들은 저축률 상승이 장기적으로 건전 한 소비 습관을 기르는 데 도움을 준다고 지적한다.

넷째, 집 혹은 집 근처에서의 휴가(스테이케이션)가 늘어난다.

불황이 장기화하면서 휴가철에 먼 곳으로 피서를 가는 사람 보다 집이나 집 근처에서 휴가를 즐기는 사람이 늘고 있다. 휴 가철에 아예 집 밖으로 나가지 않는 사람도 많아졌다. 갤럽의 조 사에 따르면 2015년 여름에 지난해보다 여행을 더 많이 할 것 이라고 응답한 사람은 18퍼센트인데 반해, 27퍼센트는 여행을 줄일 것이라고 했다.

다섯째, 부자와 고소득자는 세금을 더 많이 낸다.

고소득자에 대한 증세는 일시적인 세수 확보 수단이 아닌 뉴노멀의 전형적인 현상이 될 전망이다. 오바마 정부는 전임 조지 W. 부시 대통령 시절에 제정한 세금감면 제도를 연소득 25만 달러(약 3억 원) 이하인 사람에게만 연장하는 방안을 추진하고 있다. 반면 연소득이 그 이상인 고소득층에 대한 감세 혜택은 2016년 말에 중단할 계획이다. 이는 재정적자를 감축하기 위한 당연한 수순으로 뉴노멀 시대에 등장한 새로운 풍속도다.

▌ 곧 10조 원 시장으로 성장할 산업이다

2015년 5월, 전(前) 대통령 경호실장이자, 경찰청장인 어청수 씨가 직접판매공제조합 이사장에 취임했다. 직접판매공제조합은 소비자나 판매원이 등록업체로부터 피해를 보면 피해대금을 지급해주는 보상 업무를 수행한다.

이곳은 2002년 방문판매법 개정과 함께 다단계판매나 후원방문판매로 인한 소비자 피해를 보상하기 위해 공정거래위원회의 인가로 설립됐다. 이곳은 공모를 통해 다단계판매라는 용어를 '회원직접판매'로 바꾸기도 했다.

다음은 어청수 이사장이 〈한경 비즈니스〉(2016. 2. 2.)와 인터뷰한 내용 중 일부다.

기자 : 이사장 취임을 축하드립니다. 이 업계에 대해 어떻게 보고 있는지요?

이사장 : 국내에 회원직접판매(다단계판매)로 등록된 업체는 130여 개에 이릅니다. 소관부처인 공정거래위원회에 따르면 2014년 기준 업계 매출은 약 4조 5,000억 원, 등록 판매원 수는 689만 명 정도입니다.

또 '방문판매 등에 관한 법률'에 따른 합법적인 정식 유통산업입니다. 문제는 법을 지키지 않는 불법회사들이지요.

사실 대부분의 국민은 막연히 '불법'이라는 부정적인 생각을 할 겁니다. 저 역시 그랬습니다. 하지만 이사장 취임 후 실제 산업 현장을 깊이 들여다보니 이 업계만큼 투명하게 운영하고 철저히 관리하는 업종도 없다는 것을 알게 됐습니다. 이토록 많은 규제를 받으면서도 영업이 가능한가 싶을 정도입니다.

우선 국내에서 판매업에 등록하려면 자본금 5억 원을 납입하고 소비자 피해 보상 보험에 가입해야 합니다. 후원수당 35퍼센트 이내 지급과 160만 원 이하의 재화만 판매할 수 있는 등 많은 규제를 받습니다.

법적 절차를 준수해 등록한 업체는 각종 불법행위 혹은 유사 수신행위를 저지르는 불법업체와는 확연히 다릅니다.

기자 : 소비자는 여전히 합법업체와 불법업체를 구분하기가 어려울 수밖에 없는데요. 보다 쉽게 알 수는 없을까요?

이사장 : 소비자를 불법업체로부터 보호하는 첫 단추는 소비자에게 합법과 불법에 대한 가이드라인을 명확히 제공하는 것이라고 생각합니다. 우선 조합에 가입돼 있는지, 아닌지로 기본적인 합법성을 판단할 수 있습니다.

제가 조합 이사장으로 부임하고부터 소비자에게 지속적으로 전하는 메시지는 '직접판매공제조합에 가입한 회사는 믿을 수 있습니다. 안심하고 구매하십시오'라는 것입니다.

물론 조합에 가입한 회사도 불법을 저지를 수 있습니다. 하지만 오랜 기간에 걸쳐 축적된 조합의 공제 운영 노하우를 바탕으로 회원사에 대한 위험관리 시스템을 철저하고 효율적으로 운영하고 있습니다.

공제조합 임직원들이 보다 기민하게 위험을 감지하도록 회원사 관리 업무를 꾸준히 개선하고 있으므로 그 부분만큼은 믿어도 좋다고 자신 있게 말씀드립니다. 소비자가 회원직접판매에 대해 막연한 색안경을 벗고 보다 알찬 소비생활을 영위하도록 회원사를 철저히 관리하고 있습니다.

기자 : 경찰청장 출신 이사장이 부임했으니 불법업체 단속에 대한 기대가 더 클 것이라고 봅니다. 이를 위해 추진하는 업무가 있는지요?

이사장 : 이 업계에 대해 문외한인 저를 이사장으로 추대한 가장 큰 이유는 아마 불법업체 근절일 것입니다. 회원사와 소비자 모두의 소망인 불법 근절에 모든 역량을 집중할 계획입니다. 그 일환으로 작년에 부임하자마자 경찰수사연수원과의 업무협약(MOU)을 통해 전국 지능 · 경제범죄수사관의 전문교육 시 불법 유형에 관한 정보를 제공하고 단속 기법 등을 제공해 수사 혹은 단속 현장에서 바로 적용할 수 있도록 했습니다.

또한 공정위와 함께 시행하는 불법 피라미드업체 신고포상제를 보다 활성화하기 위해 신고 포상금을 두 배로 늘리고 사안에 따라 신고 접수된 건을 곧바로 수사기관에 이첩하도록 함으로써 불법업체 근절에 총력을 기울이고 있습니다.

기자 : 이 산업의 미래는 어떤지요?

이사장 : 최근의 경기 불황에도 불구하고 회원직접판매 산업은 10년 동안 계속 성장세를 유지하고 있습니다. 2015년 메르스(중동호흡기증후군) 사태나 저유가 등 국내 · 외 경제가 극도로 침체되는 악재에도 불구하고 업계는 전년 대비 10퍼센트 이상 증가한 5조 2,000억 원의 매출을 달성한 것으로 보입니다.

2013년 한국유통학회 발표 자료에 따르면 5만 명의 고용 유발 효과와 3조 원의 부가가치 유발 효과 등 매출의 세 배 이상으로 국민경제에 기여한다는 것을 알 수 있습니다. 2015년에 올린 약 5조 원의 매출이면 15조 원의 경제유발 효과가 있지요.

또한 매출이 증가한다는 것은 꾸준히 소비자의 선택을 받고 있다는 의미이며 이는 개별회사에 대한 소비자 신뢰나 만족도가 업계 이미지에 비해 훨씬 높다는 것을 나타내기도 합니다.

그래서 저는 이 산업의 미래가 지금보다 훨씬 더 밝다고 생각합니다. 머지않은 미래에 10조 원 시장으로 성장할 날이 올 것으로 보고 있습니다.

기자 : 끝으로 업계를 대변해서 하고 싶은 말씀이 있다면?

이사장 : 조합의 중요한 역할 중 하나는 업계가 건실하게 성장해서 국가 경제에 기여하도록 지원하는 것입니다. 이를 위해 불법업체들이 이 산업을 넘보지 못하도록 워치타워 역할을 굳건히 수행하고 소비자가 이 업계를 더욱 신뢰하도록 다양한 교육과 캠페인 등의 홍보 활동도 펼칠 예정입니다.

경제가 어려울수록 사기범들이 활개를 치게 마련입니다. 비단 불법 피라미드업체뿐 아니라 불법으로 투자자를 모집하는 유사수신행위 등의 금융사기도 더욱 빈번하게 발생하고 있습니다.

따라서 정책 당국도 좀 더 적극적으로 소비자에게 관련 정보를 제공하고 합법과 불법을 구분하도록 가이드라인을 제시할 필요가 있다고 봅니다. 또 업계에 대한 지나치고 불합리한 규제를 개선해 업계가 보다 건전하고 활기차게 국가경제에 기여할 수 있도록 많은 관심을 보여주었으면 합니다.

▌'세이머니', 무점포 창업 시장 현황은?

2014년 7월 28일 〈TV조선〉은 '세이머니' 코너에서 무점포 창업시장의 현황과 실태를 방영했다. 경제적으로 어려운 시기에 창업을 하려는 사람들에게 도움을 줄 목적으로 기획한 이 프로그램에서는 네트워크 마케팅이라 불리는 회원직접판매를 심층 분석하고 미래를 전망했다.

다음은 진행자와 기자의 질문 및 대답을 발췌한 것이다.

앵커 : 베이비부머들의 본격적인 은퇴와 명예퇴직이 일반화되면서 창업에 대한 관심이 높아지고 있습니다. 그러나 창업에는 많은 초기 자본이 필요하고 성공하기도 쉽지 않습니다. 이에 따라 돈이 덜 들고 실패해도 부담이 적은 무점포 창업에 대한 관심이 높아지고 있습니다. 김기성 기자와 함께 얘기 나눠 보겠습니다. "무점포 창업은 실패 확률이 낮거나 설령 실패해도 손실이 적지 않습니까? 여기에는 어떤 게 있습니까?"

기자 : 요즘 일반적으로 신문에서 광고하는 무점포 창업이 있습니다. 그렇지만 대개는 일정 금액의 초기 물량 인수비용이 필요하고 무엇보다 본사의 신뢰도가 떨어지는 경우가 많습니다. 온라인 쇼핑몰도 있습니다. 온라인 쇼핑몰은 이론상으로는 무점포 창업이지만 결코 만만하지 않습니다. 경쟁이 치열하고 홍보비용이 많이 들어서 무점포이긴 하지만 초기 투자가 적지 않게 들어갑니다. 그래서 제가 회원직접판매 제도를 설명하려고 합니다.

앵커 : 회원직접판매라면 다단계판매를 말하는 것 아닙니까?

기자 : 그렇습니다. 이것은 미국에서 시작된 유통 형식으로 MLM, 즉 멀티레벨마케팅이라 부르는데 말 그대로 하면 다단계판매입니다. 그런데 한국에서는 초창기의 부작용에 대한 좋지 않은 기억 때문에 다단계판매 대신 '회원직접판매'라고 부릅니다. 내가 어떤 회사의 제품을 팔고 그 제품을 산 사람이 또 다른 사람에게 팔면서 계속 하위로 이어지면 이 단계의 모든 매출에 대해 내가 수수료를 받는 판매 방식입니다.

앵커 : 다단계판매라고 하면 부정적으로 생각하는 사람이 많은데, 왜 그런 거죠?

기자 : 이것이 잘못되면 어떤 부작용을 낳는지 확실히 보여준 것이 거마 대학생입니다. 송파구 거여동, 마천동 일대에서 대학생들을 합숙시키며 '불법' 다단계판매를 강요해 사회적으로 큰 물의를 일으킨 사건이지요(외형적으로는 같아 보이지만 법의 테두리에서 영업하는 합법과 편법 내지 불법 다단계는 엄연히 다르다).

(법적으로) 이것은 처음에 물품 구입을 강요해서는 안 됩니다. 그런데 거마 대학생 사건에서는 가입할 때 몇 백만 원에서 많게는 천만 원어치의 물품 구입을 강요하고, 다른 사람을 데려오면 또 그만큼 물건을 떠안겨 그 금액 중 일부를 데려온 사람에게 나눠주었습니다. 사실 이 마케팅은 이런 일들 때문에 비난을 받아왔지만 학계의 연구결과를 보면 그렇지 않습니다. 고려대 한상린 교수의 얘기입니다.

교수 : 회원직접판매 산업이 경제적으로 어떤 효과를 내는지 분석한 연구결과가 있습니다. 현실적으로 회원직접판매 산업은 고용과 부가가치를 창출하고 타 산업에 대한 공헌 효과를 내는데, 이로써 '상당한 효과가 있다'고 볼 수 있습니다. 이는 무점포로 적은 자본과 낮은 위험부담 상태에서 새로운 일자리를 창출하거나 새로운 고용기회를 준다는 것이므로 사회적, 고용 정책적 측면에서 우리가 관심을 기울일 필요가 있습니다.

기자 : 현재 한국에서 회원직접판매를 하는 업체로는 외국계 및 국내 업체가 있고 이들 업체에 소속돼 회원직접판매에 종사하는 회원이 무려 570여 만 명에 달합니다.

앵커 : 제 주위에서 사업을 하던 분들 중 나중에 그만두는 경우가 많던데, 어떻습니까?

기자 : 한국에서 가장 먼저 시작한 A사를 보면 전체 회원이 110만 명 정도지만 꾸준히 활동하는 사람은 20~30퍼센트, 그러니까 20만 명 내지 30만 명으로 알려져 있습니다.

이 업체에서는 기존 회원도 매년 등록을 실시하는데 1년에 30만 명 정도가 회원을 탈퇴하고, 새로 등록하는 회원이 30만 명 정도로 집계되고 있습니다. 실망하고 나가는 사람도 많고 새로 해보겠다고 가입하는 사람도 많은 겁니다.

앵커 : 문제는 활발하게 활동하는 사람들이 돈을 얼마나 버는가 하는 점이 아닙니까? 제 주위에는 이것을 해서 돈을 벌었다는 사람이 거의 없는데요.

기자 : 회원직접판매는 단계마다 수수료가 다릅니다. 처음 가입해서 실적을 올리면 수수료가 약 3퍼센트에 불과합니다. 그러다가 제일 높은 단계로 올라가면 35퍼센트 정도를 받습니다. 처음 시작할 때는 누구나 제일 높은 단계를 바라보고 '나도 그렇게 되겠지' 하고 생각하지만 그건 환상입니다.

A사의 경우 전체가 110만 명인데 활발하게 활동하는 회원 30만 명 중에서 제일 높은 단계까지 올라가 큰 소득을 올리는 사람은 300명에 불과합니다. 30만 명으로 따져도 0.01퍼센트에 지나지 않고 110만 명으로 나누면 0.003퍼센트도 되지 않습니다. 어떤 일에서든 최고에 올라간다는 것은 그만큼 어려운 일입니다.

앵커 : 어쨌든 제일 높은 단계까지 올라가면 얼마나 법니까?

기자 : 사실 이 금액은 아무런 의미도 없지만 많은 사람이 회원직접판매를 시작하면서 이것을 기대합니다. 이는 대졸자가 처음 직장에 들어가 자신의 연봉을 삼성 사장의 연봉과 비교하는 것이나 마찬가지입니다. 꿈을 갖는다는 면에서는 나쁘지 않고 또 직장인에게 삼성 사장의 연봉은 희망을 주는 긍정적인 효과가 있지만, 회원직접판매에서 최고 등급자의 연봉은 꿈이 아니라 좌절감을 안겨주는 경우가 많습니다.

그래서 회사에서도 이 금액은 잘 알려주지 않습니다.

좌절을 맛보고 탈퇴하면 회원을 잃는 것뿐 아니라 적대적인 사람이 생기기 때문입니다. 대략적으로 알려진 바에 따르면 최상위 등급자의 연소득은 1억 원이 넘고 수십억 원에 달하는 경우도 있다고 합니다.

앵커 : 그러면 회원직접판매에 뛰어들어 성공하는 분들은 주로 어떤 사람입니까?

기자 : 이 일을 시작하면 아는 사람이 많은 사람, 소위 네트워크가 좋고 인맥이 넓은 사람이 잘할 것 같죠? 그렇지 않습니다. 보험설계나 방문판매를 시작하는 초기에는 아는 사람이 많은 게 좋지만 일단 일정 궤도에 올라가면 이런 인적 네트워크가 큰 도움이 되지 않습니다. 어떤 일에서든 성공한 사람들은 오히려 마음 씀씀이, 성의라는 측면에서 구분이 간다고 봐야 합니다.

앵커 : 지금처럼 퇴직자가 많을 때는 회원직접판매도 긍정적으로 봐야겠네요?

기자 : 제조업체에서 물건을 만들어 소비자의 손에 넘어가기까지는 유통 마진이 생깁니다. 이것은 대형 마트나 도소매상이 가져가는 몫이지요. 물론 회원직접판매가 유일한 답은 아니지만 유통구조 다변화나 지금처럼 창업이 화두로 떠오른 상황에서는 좋은 대안이 될 수 있습니다. 다시 한상린 교수의 얘기를 들어보겠습니다.

교수 : 회원직접판매는 초기자금 부담이 덜하고 아이템 선정 등도 비교적 안정적입니다. 현실적으로 이것을 통해 실제로 일자리가 창출되고 있다는 통계가 나와 있습니다. 그렇다고 이것이 무조건 좋다는 것은 아니지만 현실적, 사회적으로 고용창출 면에서 꽤 공헌을 하는 것이 사실입니다.

기자 : 창업을 하면 5년 내에 90퍼센트가 망하고, 한 번 실패하면 6,700만 원이라는 재산 손실이 발생하는 것으로 알려져 있습니다. 그래서 은퇴하면 창업하지 말라고 말려도 창업 대열에 합류하는 사람이 적지 않습니다.

노후자금도 문제지만 은퇴 이후 길고 긴 시간을 매일 등산만 다닐 수는 없다고들 얘기합니다.

이런 분들에게 회원직접판매 사업은 꼭 성공하고 큰돈을 벌지 못하더라도 장사가 뭔지, 다른 사람을 상대로 사업을 하고 물건을 판다는 것이 어떤 일인지 체감하는 좋은 계기가 될 것입니다.

▎ **회원직접판매를** 지탱하는 **세 가지** 원리

  많은 사람이 시간적, 경제적 자유를 얻기 위해 자기 사업을 하길 원한다. 하지만 그중 소수의 사람만이 꿈을 좇아 현재의 안온한 생활을 박차고 나온다.

  대다수는 현재의 판에 박힌 생활이 쉽고 편해서 혹은 실패가 두려워서 그 자리에 안주한다. 그들은 현재의 일, 수입, 생활 스타일에 그럭저럭 만족하며 살아가는 것이다.

  만약 당신이 자신의 의지대로 살아가고자 하는 자유를 갈망해 네트워크 마케팅(회원직접판매)을 선택했다면 이것을 지탱해주는 본질적인 다음 세 가지 원리를 반드시 이해해야 한다.

  이것은 잉여수입을 가능케 해주는 인세 효과, 시간과 돈으로부터 자유롭게 해주는 레버리지 효과 그리고 기하급수적인 수입 증가를 낳는 복리 효과이다.

① 잉여수입을 가능케 해주는 인세 효과

  잉여수입은 한국에서는 통상적으로 인세수입이라고 부른다. 이것은 반복적으로 발생하는 수입으로 사업을 그만둔 후에도 지속적으로 들어오는 것을 말한다.

  가령 봉급생활자는 일한 시간에 비례에 수입을 얻는다. 직장을 나가지 않거나 일하지 않으면 당연히 수입이 발생하지 않으며 수입을 늘리려면 더 많은 시간을 투자해 일해야 한다.

설령 그럴지라도 수입 증가에는 한계가 있다.

인세수입을 얻는 방법은 다양하지만 많은 사람이 그것을 알지 못하거나 거의 관심이 없다. 왜냐하면 생각해본 바도 없거니와 경험해본 바도 없기 때문이다. 실제로 인세수입은 그것을 얻는 방법은 많아도 보통사람에게는 그림의 떡이나 다름없다. 예를 들어 성공한 음악가나 가수, 작가처럼 잉여수입을 얻는 사람이 보기 드문 직업군에 속해 있기 때문이다.

가장 간단하고 이해하기 쉬운 잉여수입은 은행에 저축한 돈이나 투자금에 대한 이자소득 정도다. 이것은 더 이상 투자나 저축을 하지 않아도 수입이 발생한다. 현직에서 은퇴가 불가피할 때도 충분한 돈이 있거나 자산이 있어서 죽을 때까지 즐길 만큼 잉여수입이 있으면 경제적으로 별다른 걱정을 할 필요가 없다.

세상에는 두 가지의 커다란 소득 원천이 있다. 그것은 사람이 일하거나(노동) 아니면 돈(자본)이 일하게 하는 것이다. 회원직접판매에서 잉여수입이 가능하려면 오랜 기간 노력해 재정적 안정성을 다져야 한다. 공동의 목표 아래 일하는 그룹을 구축하면 몇 년간(혹은 평생) 잉여수입을 보장받는다.

그럼에도 불구하고 큰 꿈을 안고 뛰어든 많은 사람이 실패하는 이유는 회사를 잘못 선택했거나 빠른 결과를 상상했는데 기대에 미치지 못하자 금방 포기했기 때문이다.

사실 잉여수입 이론은 무조건 빨리 부자가 되는 것을 의미하지 않는다. 물론 어떻게 하느냐에 따라 비교적 짧은 기간 내에 충분한 돈을 벌기도 하지만 그것이 일반적인 것은 아니다. 따라서 이 부분에 대한 오해가 없어야 한다.

회원직접판매에서 잉여수입은 대개 일정 기간이 지난 후에 발생한다. 일단 그룹을 튼튼하게 구축해야 자신의 전 생애에 걸쳐 시간적 자유와 경제적 안정을 보장받는다는 점을 확실히 인식해야 한다.

② 시간과 돈으로부터 자유롭게 해주는 레버리지 효과

여타 다른 사업에서도 마찬가지지만 회원직접판매에서 성공한 사람은 시간과 돈을 최대한 활용한다. 재능이 얼마나 뛰어나든 시간당 급여가 얼마나 많든 시간의 레버리지 효과 개념을 이해하지 못하면 하루 24시간이라는 제약을 벗어날 수 없다.

반대로 시간을 활용하는 방법을 제대로 배우면 타인의 노력 중 일부를 활용해 내가 노력한 것과 같은 효과를 거둘 수 있다. 그리고 그 결과로 수입과 시간의 자유가 극적으로 증가한다.

대부분의 일반 사업에서는 충직하게 열심히 일하는 직원이 업무를 대부분 처리하지만 이러한 혜택을 누리는 부류는 소유주나 소수의 주주에 불과하다.

회원직접판매 사업모델의 유일무이한 특징은 다른 일반적인 사업이나 프랜차이즈 운영에 필요한 자금과 시간의 극히 일부만으로도 자기 사업을 영위할 동등한 기회를 제공받는다는 점이다. 아울러 네트워크 마케팅의 성격상 리더는 자기 팀의 성공에 대해 독점적 기득권을 누리므로 열심히 가르친 사람이 나중에 자신의 경쟁자가 될 수도 있음을 우려할 필요가 없다.

회원직접판매에서 레버리지 효과는 단순히 수입 증가 효과만 있는 것이 아니다. 레버리지의 개념을 정확히 보여주는 말이 있다. 세계적인 부자인 폴 게티는 "만약 한 사람의 100퍼센트 노력과 100명의 1퍼센트씩의 노력 중 하나를 선택하라고 한다면 나는 후자를 택하겠다"라고 말했다.

그런데 안타깝게도 재능 있는 많은 사람들이 이런 개념의 중요성을 간과하고 자신의 능력에 모든 것을 의존하는 경향이 있다.

레버리지 효과에서 중요한 것은 수입이 단 한 명에 의해 좌우되지 않는다는 점이다. 만약 한 사람이 좌우한다면 그가 아프거나 휴가를 가거나 사업을 그만두거나 사망하면 어쩌란 말인가. 그렇게 되면 수입이 당장 끊길 수 있다.

반면 많은 사람의 활동에 따라 수입이 창출될 경우 그것은 훨씬 더 안정적이다. 팀의 한 명 혹은 여러 명에게 예상치 못한 일이 생겨도 일부에게만 부정적 영향을 미칠 뿐 전체적인 대세에는 지장이 없기 때문이다. 휴가를 떠나거나 취미생활을 하는 중에도 수입이 계속 발생하는 레버리지 개념을 활용하는 사람은 자기 스타일대로 삶을 누릴 수 있다.

물론 이것은 레버리지 효과의 많은 이점 중 하나에 불과하다. 그런데 그 한 가지 이유는 여러 분야에서 고소득을 자랑하는 전문가들이 회원직접판매에 참여하는 이유이기도 하다.

그들은 현재 다른 일에서 이미 고소득을 올리고는 있지만 제반 비용을 감당하기 위해 더 오랜 시간을 일해야 한다는 사실에 곤혹스러워한다. 그들이 시간당 아무리 많은 돈을 벌어도 시간 레버리지를 깨닫지 못하면 수입은 일하는 시간의 제약을 받을 수밖에 없다는 사실에 회원직접판매를 노크하는 것이다.

이처럼 시간과 돈의 레버리지 효과를 명확히 인식하고 사업을 운영하는 것은 경제적 안정과 시간적 자유를 얻는 데 필요한 중요한 과정이자 네트워크 마케팅의 본질적인 가치 중 하나다.

③ 기하급수적인 수익 증가를 낳는 복리 효과

'기하급수'란 복리로 늘어나는 것을 말한다. 복리를 얘기할 때 흔히 사례로 드는 것이 바로 '맨해튼의 가치'다.

미국 뉴욕의 노른자 땅인 맨해튼은 미국, 아니 전 세계에서 가장 비싼 땅이다. 그런데 백인들은 이 섬을 아메리카 원주민에게 구입할 때 단돈 24달러를 지불했다고 한다. 세월이 흐른 지금 맨해튼의 가치는 수억 배로 상승해 환산 자체가 어렵다.

그렇다면 아메리카 원주민들은 바보 같은 짓을 한 것일까?

그렇지 않다. 당시 24달러를 복리로 불렸다면 그들은 지금 맨해튼을 100개 정도는 살 수 있다. 이것은 복리 효과의 무서운 확장성을 잘 보여준다. 즉, 시작은 미약하지만 어느 단계가 되면 기하급수(복리)로 확장되어 상상을 초월하는 결과를 낳는 것이다.

복리 효과를 보여주는 또 다른 사례 중 하나가 '하루 1원'이다. 이것은 '복리이자예금'의 혜택을 보여주는 사례로 자주 인용된다. 하루에 1원으로 시작해 그다음 날은 2원, 그다음 날은 4원 하는 식으로 전날의 두 배를 30일간 반복해서 매일 저금하면 최종금액이 얼마나 되는지 아는가? 한번 계산해보자.

2일째는 2원, 3일째는 4원, 그 다음 날은 8원, 16원 하는 식으로 불어나면 마지막 30일째는 얼마나 될까? 무려 536,870,912원이다. 믿기 힘들게도 5억 원이 넘는 것이다.

단돈 1원으로 매일 두 배씩 한 달간 꾸준히 저금한 것에 불과하지만 30일이 지난 후에는 직접 계산기를 두드려 확인하기 전까지는 믿지 못할 액수로 불어난다.

이 놀라운 결과는 정확한 사실이다. 이것은 네트워크 마케팅이 어떻게 작동하는가를 보여주는 간단한 예다. 이러한 세 가지 원리에다 사업 프로그램을 따라 하는 것까지 쉽다면 회원직접판매는 보다 많은 사람에게 호감을 줄 가능성이 크다.

당연한 얘기지만 보통사람이 시도하기에 너무 복잡하거나 경비가 많이 들면 사업의 원활한 발전에 지장을 줄 수밖에 없다.

사업가 기질이 뛰어난 사람은 어떤 어려운 기법도 자기 것으로 만들어 성공을 거둔다. 그렇지만 대다수는 재능, 기술, 열정 면에서 취약하다. 그들이 특출한 사업자를 복제하기를 바라는 것은 무리다. 다행히 회원직접판매 사업모델은 대다수의 보통사람을 대상으로 한 것이기 때문에 누구나 쉽게 따라 할 수 있다.

세 가지 원리를 기반으로 올바르게 사업을 전개하면 사업에 참여한 보통사람도 꿈을 이룰 수 있다. 그리고 재능이 뛰어난 사람은 그들이 생각하는 것 이상으로 대성공할 확률이 높다.

물론 '성공'이라는 것이 말처럼 쉬운 일은 아니다. 세상사가 거의 다 그렇지만 네트워크 마케팅도 이상과 현실 사이의 간극이 굉장히 넓다. 확률적으로만 보면 1퍼센트, 아니 0.1퍼센트보다 더 가능성이 낮을 수도 있다.

여하튼 정도의 차이는 있을지언정 어떤 분야에서든 성공 가능성에 관계없이 크게 성취하는 사람은 존재한다. 네트워크 마케팅 사업도 마찬가지다. 더욱이 실패했을 경우에 입을 데미지를 고려하면 회원직접판매가 다른 사업보다 훨씬 더 양호하다.

이 마케팅에서는 누구나 시간과 자본을 적게 투자하고 일상생활을 크게 변화시키지 않으면서도 사업을 개시할 수 있기 때문이다. 큰 위험부담 없이 사업을 시작할 수 있다는 것도 큰 장점이다.

백만장자의 부자법칙 **따라 하기**

누구나 부자가 되고 싶어 한다. 그것도 가급적이면 쉽게 더 많이 벌고자 한다. 그러면 돈을 어느 정도 가지고 있어야 부자일까? 상위 1퍼센트 부자에 속하려면 얼마만큼의 재산을 축적해야 할까? 분명한 것은 상위 1퍼센트 부자에 속하는 사람들의 재산은 하위 50퍼센트가 가진 재산을 몽땅 더한 것보다 많다.

〈중앙일보〉(2015. 1. 27.)의 기사에 따르면 재산액 8억 6,343만 원이면 전 세계 상위 1퍼센트 부자에 속한다고 하는데, 이것은 스위스의 투자은행 크레디트 스위스가 최근 발간한 보고서 〈글로벌 웰스 데이터북 2014〉를 인용한 것이다.

이 보고서에 따르면 세계 상위 50퍼센트에 들려면 3,650달러(394만 원)가 필요하고 7만 7,000달러(8,331만 원)는 상위 10퍼센트, 79만 8,000달러(8억 6,343만원)는 상위 1퍼센트에 속한다.

상위 1퍼센트 부자는 전 세계에 총 4,700만 명인 것으로 추산된다고 한다. 상위 1퍼센트 부자가 가장 많은 나라는 미국으로 1,801만 명(38퍼센트)이고 그 뒤를 이어 일본(404만 명), 프랑스, 영국, 독일, 이탈리아, 호주, 캐나다, 중국, 스위스 순이다.

한국은 44만 8,000명으로 세계 16위고 아프리카는 대륙 전체를 통틀어 상위 1퍼센트 부자가 19만 3,000명에 지나지 않는다. 이 결과는 국가별, 대륙별로 부의 쏠림 현상이 심각한 상황임을 잘 보여준다.

한국의 부(富)는 평균치가 9만 5,664달러(1억 350만 원)로 재산 순서대로 줄을 세운 뒤 가운데에 위치한 사람의 재산을 나타내는 중간값은 3만 4,541달러다. 100만 달러 이상을 보유한 '백만장자'는 전체 인구의 0.9퍼센트로 집계되고 있다.

▌ '부자'라는 새로운 인종이 등장했다

자본주의 체제에서는 사유재산을 바탕으로 부 축적이 가능해 개인이 막대한 자산을 구축할 수 있다. 아직까지 자본주의보다 더 나은 체제를 발견하지 못했다는 평가가 지배적이지만, 오늘날의 상황을 보면 그것이 최선인지 의문이 든다. 특히 글로벌 자본주의는 부작용이 심각해 보완책이 필요하다고 말하는 전문가가 매우 많다.

자본주의는 '부자'라는 새로운 인종을 만들어냈다. 그들은 자본의 힘으로 무엇이든 할 수 있다. 지금은 부자가 모든 것을 할 수 있는 '부자 만능시대'로 사람들은 모두 부자가 되고 싶어 한다. 그렇지만 모두가 부자가 될 수 있는 것은 아니다.

안타깝게도 소수만 부자가 될 수 있는 것이 자본주의의 현실이다. 누구나 부자가 될 수 없는 현실 속에서 가난한 사람들(혹은 서민)은 부자를 미워하면서도 부자가 되고 싶어 하는 이율배반적인 삶을 살고 있다.

현재 자본주의 세상은 상당히 혼란스럽다. 자본주의는 이론과 달리 소수가 지배하는 글로벌 자본주의로 변질되었고 세상은 그들의 자본을 뒷받침하는 다국적기업들이 지배하고 있다.

이처럼 많은 문제를 내포하고 있음에도 불구하고 전문가들이 여전히 자본주의가 가장 현실적인 체제라고 말하는 이유는 이를 대체할 만한 경제 시스템이 아직 없기 때문이다.

다른 한편으로는 많은 경제 전문가가 현 자본주의 체제는 문제도 많고 해결해야 할 과제도 많다고 지적한다. 세계적인 마케팅의 권위자 필립 코틀러(Philip Kotler)는 자본주의의 열네 가지 단점을 다음과 같이 지적하고 있다.

- 지속적인 빈곤에 대해 해결책을 거의 또는 전혀 제공하지 못한다.
- 소득과 부의 불평등이 더욱 심각해진다.
- 수십억 명의 노동자에게 생활임금을 지급하지 못한다.
- 자동화 때문에 충분한 일자리를 제공하지 못할 수도 있다.
- 기업들이 사업을 하면서 사회에 초래한 비용 전체를 부담하지 않는다.
- 규제가 없을 때 환경과 천연자원을 남용한다.
- 경제순환과 경제 불안정을 유발한다.
- 지역사회의 공익을 희생시키고 대신 개인주의와 사리사욕을 강조한다.
- 개인이 과도한 부채를 짊어지도록 조장하고 생산 중심이 아니라 금융 중심 경제구조를 이끌어낸다.
- 정치인과 기업의 이익단체가 결탁해 시민 대다수의 경제적 이익을 막는다.
- 장기적인 투자계획보다 단기적인 이익을 얻을 수 있는 계획을 선호한다.
- 상품의 품질 및 안전성 문제, 과대광고, 불공정 경쟁행위가 만연한다.
- GDP 성장에만 집중하는 경향이 있다.
- 시장에 적용하는 공식에 사회적 가치와 행복이 빠져 있다.

코틀러가 말하는 문제점을 극복하려면 다양한 처방전이 필요하다. 물론 언론은 그들 나름대로 처방전을 내놓고 있고 경제학자들도 여러 가지 처방을 쏟아낸다. 또한 글로벌 자본주의의 단점을 보완한 새로운 자본주의를 주장하는 학자들도 있다.

그들은 창조적 자본주의, 포용적 자본주의, 인간적 자본주의,

더불어 사는 자본주의, 따뜻한 자본주의, 박애 자본주의, 자본주의 4.0 등 다양한 이름을 표방하며 모두가 잘사는 새로운 자본주의를 제시한다.

어쨌든 경제 분야의 석학들은 다음의 몇 가지 문제를 해결하면 자본주의가 확실히 한 단계 도약할 것이라고 말한다.

첫째, 부의 쏠림 현상을 완화할 장치를 마련한다.

부익부 빈익빈으로 굳어지는 부의 쏠림 현상에 제동을 걸 구체적인 장치와 함께 노동력 착취를 막을 근본적인 패러다임 변화가 필요하다. 인간의 노동력을 헐값에 팔게 하는 현재의 자본주의적 가치체계는 근본적으로 바뀌어야 한다.

물론 이것은 한두 사람의 노력으로 가능하지도 않고 한두 국가만 시도해서도 답이 나오지 않는다. 전 세계 모든 국가가 이러한 근본적인 결함을 해결하기 위해 함께 나서야 한다.

일부 학자가 제시하는 것처럼 '부자 세금' 강화도 한 방법이지만 그보다는 개인이 지나치게 많은 부를 축적하도록 허용하는 것 자체가 문제다. 특히 한 개인이나 기업이 모든 사람이 공유해야 하는 공공재, 즉 공유자본(共有資本)을 독점하는 폐단을 없애야 한다.

둘째, 현재의 화폐 시스템 자체를 개혁한다.

지금의 화폐 시스템은 이자와 고리대금을 기반으로 하기 때문에 본질적인 기능에 문제가 발생하고 있다. 그 폐단은 이미 드러난 상황이고 근본적으로 바꾸어야 할 문제로 지적받고 있다.

셋째, 사람은 동등한 가치를 지닌 인격체임을 인식한다.

오늘날 자본주의 구조의 커다란 병폐는 모든 인간을 동등한 가치를 지닌 인격체로 인식하지 않는 데 있다. 이것은 자본주의의 근본적인 결함으로 사실 모든 문제가 여기에서 비롯되고 있다. 글로벌 자본주의가 안고 있는 문제의 본질을 파고들면 인간의 존엄성 자체에 대한 인식에 문제가 있음을 알 수 있다.

글로벌 자본주의는 모든 인간을 똑같은 인간으로 대우하지 않는다. 극단적으로 말하면 돈을 가진 자는 인간이고, 그렇지 못한 자는 인간이 아닌 물건(?)으로 취급한다. 이 문제를 해결한 '새로운 자본주의'가 등장한다면 자본주의는 여전히 가장 강력한 체제로 살아남을 것이다. 이제 재정립이 필요한 시점이다.

그러나 가치체계 변화 없이 임시방편에 불과한 제도적 보완이나 정책적 변화만 추구하면 자본주의는 달라지지 않는다. 새로운 자본주의는 본질적으로 패러다임을 전환해야 가능하며 무엇보다 인식의 변화가 일어나야 한다.

자본주의는 한마디로 돈이 만능인 세상을 만들었다. 그런데 왜 자본주의가 발달한 사회일수록 회원직접판매, 즉 네트워크 마케팅이 많은 사람의 관심을 끄는 것일까? 그 이유는 이 마케팅의 성격 자체가 자본주의적인 경제 시스템에 바탕을 두고 있기 때문이다. 그동안 이 마케팅이 비약적으로 발전한 요인은 보통사람도 부자가 될 수 있다는 기대감에 있다.

이 마케팅으로 부자가 되는 일은 실제로 가능하다. 전 세계적으로 이미 무수히 많은 사람이 이 마케팅으로 백만장자가 되었다. 이처럼 네트워크 마케팅은 개인의 성공신화를 바탕으로 지속적인 발전을 거듭해왔다.

▌ 어떻게 쉽게, 많은 돈을 벌 수 있는가

어떻게 해야 좀 더 쉽게 보다 많은 돈을 벌 수 있을까? 지금은 예전과 달리 열심히 노력하기만 하면 최소한 굶지는 않는다. 그러나 여유롭게 남들이 누리는 것을 누리면서 품위 있게 살려면 그것만으로는 부족하다. 물려받은 재산이 많거나 아니면 보통사람과 다른 무언가를 해야 그런 삶을 누릴 수 있다.

이때 필요한 것이 바로 '어떻게' 해야 할까?이다. 자신의 꿈을 현실화하려면 돈을 벌 기회, 즉 성공 기회를 찾아내 그것을 최대한 활용해야 한다. 일반적으로 돈을 버는 데는 다음의 세 가지 방법이 있다.

첫째, 시간을 투입한다.

직장인은 보통 오전 아홉 시에 출근해 오후 여섯 시에 퇴근하며 그 시간 동안 일한 대가로 임금을 받는다. 즉, 낮 시간의 대부분을 일에 매달린 뒤 봉급을 받는 것이다. 알고 있다시피 이 방법으로는 부자가 될 확률이 아주 낮다. 오히려 빚이나 지지 않고 살면 다행이라는 말이 나올 정도다. 다시 말해 이 방법을 선택하면 '적당한 가난'이 누릴 수 있는 전부다.

여하튼 자신의 시간을 투자해 다른 사람의 일을 대신 해줌으로써 임금을 받는 것이 일반적인 고용의 형태다. 그런데 요즘에는 이런 일을 안정적으로 하는 것조차 만만치 않다. 평생직장이라는 개념이 무너지면서 임금 근로자의 안정성은 형편없이 무너지고 있다. 그 결과 동시에 여러 직업에 종사하는 '멀티잡'을 추구하는 사람이 빠르게 늘고 있다.

'투잡스족'이라 불리는 이들은 경제적 안정과 자아실현이라는 두 마리 토끼를 잡기 위해 하루 24시간을 빈틈없이 활용해 일에 몰두한다. 즉, 이들은 고용 안정뿐 아니라 성취와 자아실현도 중요시하며 이를 위해 기꺼이 시간을 투자한다.

한 직업에 뿌리내리지 못하고 여러 직업과 직장을 병행하는 현상은 1997년 IMF 외환위기를 겪은 이후에 생겨나기 시작했다. 당시 경제가 급격히 악화되면서 각 기업은 명예퇴직, 조기퇴직을 대거 실시했고 평생직장이라는 개념은 완전히 무너졌다.

여기에다 외국계 회사들이 한국 진출의 첫 번째 조건으로 우리의 평생고용 관행 타파를 주장하면서 종신고용 개념마저 무너지기 시작했다. 재계와 외국계 회사들의 압력에 밀린 국회가 '경영상의 이유로 근로자를 해고할 수 있다'는 골자의 정리해고에 관한 규정을 넣은 근로기준법을 통과시킴으로써 평생직장에 대한 법적 근거마저 사라져버렸다.

이후 근로자들은 더 이상 직장이 자신의 노후까지 보장해주지 않는다는 것을 인식했고 이것은 투잡스족이 대폭 늘어나는 계기가 되었다. 다시 한 번 말하지만 직장이라는 틀에 자신의 시간을 투자해 다른 사람 대신 일하는 것으로는 부자가 되기 어렵다.

둘째, 자본을 투입한다.

이것은 은행에 저축해 이자를 불리거나 부동산 투자를 하거나 증권에 투자하는 것을 말한다. 일면 그럴듯해 보이지만 이것이 얼마나 어려운지는 굳이 설명할 필요도 없다. 일단 돈이 있어야 투입할 것이 아닌가.

설령 종자돈이 있더라도 부동산 투자나 증권 투자에 뛰어들려면 많은 노력이 필요하다. 일반인은 이것저것 신경 쓸 필요가 없는 은행이자를 선호하지만, 오늘날에는 저금리 현상이 뉴스거리조차 아닐 정도로 일반화되어 있다. 이자소득세와 물가상승률을 감안하면 지금은 사실상 '이자율 0퍼센트 시대'다.

연금을 비롯한 사회보장제도가 아직 틀을 잡지 못하고 자본 시장도 제대로 형성되지 않은 한국의 상황에서 이자로 살아가는 사람에게는 이자 1퍼센트도 매우 중요하다. 그러나 안됐지만 물가 오름세를 고려하면 최근의 저금리는 갈수록 소득이 떨어지는 것과 같다.

물가 상승률을 감안했을 때 '제로금리'라는 말이 더욱 실감나는 이유는 이자생활자 가운데 충분한 종자돈을 가진 사람이 많지 않기 때문이다. 실제로 이자소득 생활자의 가계 형편은 굉장히 빠듯한 상황이다.

이러한 상황은 당분간 나아질 것 같지 않다. 오히려 금리가 더 떨어질 것이라는 전망이 나오고 있는데, 그렇다면 대안을 마련해야 하지 않을까 싶다. 저금리 환경에서는 매달 일정한 수입이 나오는 로열티 사업이 가장 좋은 안전판이다.

셋째, 시간을 복제한다.

이것은 한 사람이 할 수 있는 일을 기계나 다른 사람이 대신하도록 시스템을 만드는 것을 말한다. 다시 말해 많은 사람을 고용하거나 훌륭한 기계 설비를 설치해 자신의 역할을 대신하게 하면서 자신은 보다 중요하고 부가가치가 높은 일에 시간을 투자하는 방식이다.

예를 들어 대기업 회장은 몇 만 명을 고용해 그들이 각 분야에서 자신의 역할을 대신하게 하면서 그들이 벌어오는 돈의 일부를 임금으로 주고 자신은 상당한 부를 누린다. 사람은 누구나 하루 24시간을 부여받으므로 가령 1만 명을 고용하면 그는 '1만 명×24시간 = 24만 시간'을 활용하는 셈이다. 이것이 바로 복제의 원리다.

이때 보다 많은 사람을 고용해 더 많은 시간을 복제할수록 돈을 많이 벌 수 있다. 굳이 부연설명을 하지 않아도 우리는 시간복제가 돈을 가장 많이 벌 수 있는 수단임을 알고 있다.

미국의 보통사람은 흔히 40-40-40 플랜에 따라 살아간다고 말한다. 이것은 주(週)당 40시간을 40년 동안 일한 끝에 정년퇴직할 때 40달러짜리 시계를 기념품으로 받는다는 의미다.

하지만 현실은 50-50-50이라고 한다. 이것은 주당 50시간을 50년 동안 일하면서 최저생계비의 50퍼센트에도 미치지 못하는 돈을 받는다고 자조하는 말이다.

한국도 아마 후자에 가까울 것이다. 소득은 시간당 임금에 노동시간을 곱한 것으로 '일한 만큼 돈을 버는 것'이 당연한데, 시간에는 한계가 있으니 수익에도 한계가 있을 수밖에 없다. 이 얘기는 결국, 돈을 벌기 위해서 시간복제가 가능한 시스템을 구축하는 것을 말한다.

▌ 제4섹터, 세상을 바꾸는 아이디어

미국 서부의 어느 마을에 가난한 농부가 살고 있었다. 그는 며칠에 한 번씩 시장에 올 때마다 마차를 타고 왔고 복잡한 곳에 마차를 끌고 왔다고 핀잔을 듣기 일쑤였다. 그때는 이미 자동차가 보편화되어 있었기 때문이다.

그러던 어느 날 그 농부가 경작하던 밭에서 석유가 발견되었다. 졸지에 부자가 된 그 농부는 멋진 자동차를 구입해 시장에 몰고 왔다. 그런데 멋진 차를 몰고 나타난 농부를 보고 사람들은 배꼽을 잡고 킬킬거리며 비웃었다.

농부가 자동차 앞에 말 네 마리를 묶고 자신은 보닛 위에 앉아 "이랴, 이랴" 하면서 나타났기 때문이다. 평소하는대로 자동차를 말로 타고 나타난 것이다.

왜? 그는 멋진 자동차를 소유했지만 시동을 걸고 운전할 줄을 몰랐다. 그래서 200마력, 즉 말 200마리의 힘을 내는 자동차를 말 네 마리에 묶어 끌고 나온 것이다.

현대경영학의 아버지로 추앙받는 피터 드러커(Peter Drucker)는 이미 오래전에 지식사회의 도래와 지식근로자의 역할을 언급하고 현대경영의 본질 및 방향을 제시하며 제4섹터 즉, 시민섹터를 '미국의 선도적 성장 산업'으로 주장해 사람들의 주목을 받은바 있다.

산업혁명과 시민혁명 이후 자본주의는 엄청난 속도로 발전해

왔다. 그 과정에서 기업가의 역할이 그 어느 때보다 중요해졌고 그들은 자본과 생산수단을 통해 막대한 부를 축적했다. 그와 함께 빈부격차, 자연파괴, 극단적인 성장 원리에 따른 경쟁 등의 문제점도 등장했다.

이처럼 불합리한 상황을 이겨내기 위해 전 세계적으로 시민 섹터 혹은 제4섹터 열풍이 불고 있다. 이것은 현재 세계 경제가 겪고 있는 문제를 고민하고 정부나 각종 기관들이 해결하지 못하는 것에 대해 해결책을 만들어 실천하는 일이다.

존스홉킨스 대학이 여덟 개 개발도상국을 상대로 조사한 결과에 따르면 다른 분야가 어려움을 격고도 시민섹터의 취업률은 전체 사회 경제 취업률보다 훨씬 높은 250퍼센트의 신장률을 보였다고 한다.

이러한 시민섹터를 이끄는 사회적 기업가는 자기 자신, 도시, 국경을 넘어 세계 여러 곳에서 사람들의 삶을 더 낫게, 더 품위 있게 개선하려는 아이디어를 실천한다.

이들 사회적 기업가가 급격히 늘어난 것은 최근 몇 년 사이의 일이다. 2007년 봄 스위스에서 열린 다보스 포럼에 일단의 사회적 기업가가 기업인으로서 당당히 참가했고 이에 발맞춰 미국의 몇몇 대학은 '사회적 기업' 과목을 개설했다.

최근에는 저널리스트, 자선가, 사회활동가 들이 사회적 기업가라는 용어를 많이 사용하고 있다.

오늘날 사회에 커다란 영향을 미치고 있는 사회적 기업가들은 '세상을 바꾸는 권력'이자 '미래의 사회 권력'이다. 그들은 여러 사회 문제를 해결하기 위해 신선한 아이디어를 생각해내고 그 실천 방법을 모색한다.

그런데 사회 발전에 순기능을 하는 그들의 역할과 사회개혁가로서의 활동에 대해 정확히 아는 사람은 많지 않다. 사실 사회적 기업가는 훨씬 이전에도 존재했다.

예를 들어 13세기 프란체스코 수도회를 세운 성 프란체스코는 성직자나 수도자가 아닌 속인들로 구성된 조직을 만들어 수도회에 가입시킴으로써 세상의 변화를 이끌어냈다. 물론 오늘날의 사회적 기업가는 당시의 수도사와는 많이 다르다.

오늘날에는 사회적 기업가도 하나의 직업이며 활동 무대가 전세계적이다. 그리고 사회를 기반으로 한 기업가정신 아래 기업 활동을 펼친다.

피터 드러커는 기업가(企業家)와 기업가(起業家)는 다르다고 말한다. 기업인(起業人, Entrepreneur)이라는 말은 200년 전 프랑스의 경제학자 장 바티스트 세이(Jean Batiste Say)가 보통의 기업가(企業家)와는 다른 경제적인 활동가를 지칭하기 위해 처음 쓰기 시작했다.

프랑스어로 기업가(起業家)는 본래 '어떤 일을 맡거나 시작하는 사람'이라는 뜻인데 이 단어를 장 바티스트 세이가 '낮은 영역에서 나온 경제자원을 보다 높은 영역의 자원으로 전환시키는 사업을 일으키는 사람'을 가리킬 때 사용하기 시작한 것이다.

정리하자면 기업인(起業人, Entrepreneur)은 기존에 존재하지 않던 가치와 일자리를 만드는 사람을 말하며 일으킬 '기'와 일을 뜻하는 '업'의 조어로 한자 그대로 풀이하면 '일을 새롭게 만든다', '사업을 일으켜 시작한다' 정도로 해석할 수 있다.

반면 기업가(企業家, Businessman)는 영리를 목적으로 기업에 자본을 대고 그 기업의 경영을 담당하는 사람으로 사업 계획 및 회사 설립을 직업으로 하는 사람을 의미한다. 이는 '사업체를 경영한다'는 넓은 범위로 해석할 수 있다. 한국에서는 흔히 기업인과 기업가라는 용어를 혼돈해서 사용하고 있다.

존 메이너드 케인스(John Maynard Keynes)와 더불어 20세기의 대표적인 경제학자로 꼽히는 개발경제학자 조지프 슘페터(Joseph Schumpeter)는 장 바티스트 세이가 쓴 이 말을 한 발 더 발전시켰다. 그는 기업가를 '중요한 경제발전을 이루기 위해 이 세상에 꼭 있어야 하는 창조적 파괴자'라고 규정했던 것이다.

이 규정처럼 오늘날 사회적 기업가들은 교육, 보건의료, 환경 보호, 장애 등 사회적 영역에서 창조적 파괴를 하고 있다. 이들에게는 인류 사회가 안고 있는 어려운 문제와 모순을 풀어가는 데 필요한 개혁을 추진하고, '개혁을 앞당기려는 의지가 있는 창의적인 사람'이라는 특징이 있다.

실제로 기업가 기질을 갖춘 한 명의 창시자를 계기로 사회 변화가 시작된 사례가 많다. 그들은 문제를 보면 해결책을 도출해야 한다는 의무감에 사로잡히는 기업가(起業家) 기질을 갖추고 있다.

지난 30년간 전 세계 곳곳에서 일어난 놀라운 사회개혁의 선봉에는 늘 사회적 기업가들이 사리하고 있나.

인도네시아에는 25년 전만 해도 환경기구가 단 하나뿐이었지만 지금은 2,000개에 이른다. 방글라데시에서는 2만 개의 비정부기구가 국가개발 사업을 수행하는데 그 기구들은 대개 최근 25년 사이에 창설되었다. 또 인도에 있는 비정부기구는 놀랍게도 현재 100만 개가 넘으며 브라질에도 100만 개 이상이 있다고 알려져 있다. 시민운동의 역사가 긴 미국에는 200만 개 정도의 비정부기구가 있는 것으로 추정되고 있다.

과거에는 시민운동단체를 보통 비영리(Nonprofit)기구, 비정부(Nongovernmental)기구라고 했지만 부정어 비(非)의 의미가 부정적이라는 이유로 최근에는 그 명칭을 사용하지 않는다.

대신 정부를 제1섹터, 민간기업을 제2섹터, 비정부기구와 비영리기구를 제3섹터로 부르는 것과 흐름을 같이해 소셜벤처 다시 말해 사회적 기업가들이 이끄는 기구를 '비영리섹터' 혹은 '제4섹터'로 부른다.

미국에서는 하버드, 스탠퍼드, 예일, 듀크, 존스홉킨스를 비롯한 많은 대학이 시민섹터(소셜벤처)를 연구하는 학과를 개설하고 또 연구소를 운영하면서 이를 학문적으로 뒷받침하고 있다. 이러한 소셜벤처(시민섹터)의 전 세계적인 태동과 움직임에는 다음과 같은 몇 가지 특징이 있다.

첫째, 예전에는 대다수 나라에서 시민섹터를 규제했으나 지금은 많은 문제해결 전문가가 등장해 실질적인 솔루션을 제공하면서 스케일 자체가 커지고 있다.

둘째, 과거보다 더 글로벌화하면서 공간이 넓어지고 성격도 다양해졌다.

셋째, 단체들이 '사회적인 갭 줄이기'에 치중하던 태도에서 벗어나 문제에 체계적으로 접근하는 법을 찾고 있다. 예컨대 요리한 음식을 제공하는 것이 아니라 더 좋은 요리법(고기 잡는 법)을 소개한다.

넷째, 정부나 교회 등에 덜 의존하면서 정부에 상당한 압력을 행사한다. 또한 기업, 학교, 정부 등과 협력관계를 구축함으로써 새로운 시장을 형성하고 사회와 비즈니스가 결합한 새 모델을 만들고 있다.

다섯째, 아직은 각 섹터의 성격과 위치가 경쟁으로 인해 혼란스러운 점도 있지만 그래도 기업가주의(起業家主義), 치열해진 경쟁, 업무수행 능력 등에 관심을 집중해 독특한 포지셔닝을 구축하고 있다.

이러한 트렌드를 반영하듯 1999년부터 시작된 세계소셜벤처 대회(GSVC : Global Social Venture Competition)가 매년 성황리에 열리고 있는데, '착한 기업 올림픽'이라는 슬로건에 걸맞게 참가자들의 면면이 매우 화려하다.

하버드, 버클리, MIT, 스탠퍼드, 런던비즈니스스쿨, 베이징, 동경 등 일류 경영대학 학생들이 망라된 이 대회의 1등 상금은 2만 5,000달러(약 3,000만 원)로 그리 많지 않지만 가장 권위 있는 착한 기업 경연대회라는 점 때문에 참여 열기는 매년 높아지고 있다.

전 세계에서 500여 개 팀이 엄격한 지역 예선을 거쳐 열한 개 팀이 결선에 진출하며 참가 목적은 어떻게 세상에 도움을 줄 수 있는지 철저히 검증받는 데 있다. 이들은 대회에 참가해 자신들의 사업모델이 사회적 목적에 기여하는 동시에 지속가능한 이익을 낼 수 있는지 검증받는다.

과정이 어찌되었든 참가자들은 거의 일류 경영대학 학생으로 졸업 후 영리기업이나 월가에 진출해 고액연봉을 받는 경우가 많다. 그러나 이들에게는 '돈도 벌고 남도 돕는 새로운 사업을 한다'는 공통의 목표가 있다.

그런 이유로 세계소셜벤처대회는 숭고한 목적이나 사회적인 파급 효과 즉, 단순한 사회적 기부나 봉사활동을 겨루는 장을 넘어 대회에 참가한 착한기업이 과연 시장에서 살아남을 수 있는

지에 초점을 두고 심사를 하는 것이다.

결국 GSVC는 세계 일류 경영대생과 전통적 개념의 사회운동가들이 한 팀을 이룬 착한기업들이 참가, 자신들의 비즈니스 모델이 사회적 목적에 기여하는 동시에 지속가능한 이익을 낼 수 있다는 사업계획을 제출해 검증을 받는 경연대회이다. 트렌드가 가고 있는 방향을 정확히 보여주고 있는 것이다.

이런 경향을 증명이나 하듯이 시민운동의 역사가 긴 미국조차 시민운동단체의 70퍼센트 정도가 1980년 이후 등장했을 정도로 최근의 기업(起業) 붐은 다이내믹하다.

뉴욕 시의 경우 전체 취업률은 단 4퍼센트 성장에 그쳤지만 시민섹터의 취업률은 25퍼센트의 성장률을 보일 만큼 자리를 잡아가고 있다. 피터 드러커가 시민섹터를 '미국의 선도적 성장산업'이라고 지목한 배경이 바로 여기에 있다.

우리에겐 아직 생소하지만 외국에서는 소셜벤처 기업(起業)이 새로운 사업모델로 등장하면서 자본주의 세상의 많은 문제점을 희석하며 세상을 바꾸는 아이디어로 자리를 잡아가고 있다.

세계적으로 인도 출신의 경영자들이 아주 우수한 실적과 안정적인 경영으로 각광받고 있다. 왜 특히 인도 출신 중에 뛰어난 경영자들이 많은 것일까?

　뉴욕 타임즈의 분석기사에 따르면 인도의 열악한 환경과 미흡한 인프라, 제한된 자원 등으로 인도에서 생존하려면 잇따라 발생하는 돌발 상황에 대처할 수 있도록 플랜 B, 플랜 C등 다양한 대안을 고민해야 한다고 한다. 인도의 기업 경영자들은 이런 환경에서 단련돼 작은 위기쯤은 쉽게 넘길 마음의 준비가 돼있다는 것이다.

　이 말은 환경이 나빠서 훌륭한 경영자가 없는 것이 아니라, 오히려 좋은 환경에 처해 있기에 탁월한 경영자가 배출되기 어렵다는 역설적인 사실을 말해주는 것이다. 리더도 마찬가지고 개인의 삶도 마찬가지일 것이다.

　바야흐로 자신만의 적절한 플랜 B를 가동할 시점인 것이다.

제3장

소셜벤처 사업이 떠오른다

Chapter 01

사회공헌과 이윤추구의 새로운 만남

현재 우리 사회의 기본 틀인 미국식 자본주의는 그 소임이 끝난 지 오래된 듯하다. 자본주의의 본거지인 미국의 민주당 대통령 후보 경선에서 자칭 사회민주주의자라는 버니 샌더스(Bernie Sanders)의 돌풍을 통해 이런 흐름을 가늠해볼 수 있다.

이제 복지는 전 세계적인 흐름이고 부의 편중과 기업의 비도덕적 행위에 대한 공공의 분노는 임계점을 넘어가고 있다. 이와 함께 감시 기능이 한껏 고조된 오늘날 기업의 사회적 책임은 대폭 강화되는 추세에 있다.

이 현상을 짚어낸 피터 드러커는 "앞으로는 개인적인 성공을 넘어 좀 더 나은 사회를 위한 공헌(Success to Contribution)을 해야 한다"라고 강조했다. 특히 리더들에게 많은 영향을 준 그는 세상을 떠나기 전인 1995년에도 "성공(Success)이나 성취(Achievement)에서 공헌(Contribution)으로 옮겨가라"라고 말하며 유독 리더들의 사회적 책임을 주장했다.

"당신이 사용하는 용어 중에서 '성취'라는 말을 제거하면 오히려 당신은 기업 활동에서 최고의 결과를 성취할 것입니다. 그러므로 '성취'를 '공헌'이라는 말로 바꾸십시오. 공헌은 사람들이 자신이 공헌해야 할 대상에 초점을 맞추도록 해줍니다."

이런 영향 때문이겠지만 미국과 오스트리아에서 열린 드러커 탄생 100주년 기념행사에서 '성공한 리더들의 공통적인 특성은 무엇인가?'라는 질문에 대부분의 발표자는 다음과 같은 취지의 말을 했다.

"좋은 인생은 다른 사람들의 복지를 위해 자신이 가장 잘하는 일을 하는 것이고, 성취를 위한 인생은 자신만의 목적을 넘어선 목적을 추구하는 인생이다."

현대 자본주의에서 기업의 본질적인 활동은 제품 및 서비스를 판매하는 단순함에서 벗어나 하나의 사회구성원으로서 다양한 이해관계자와 사회에 많은 영향을 주고받는 것이다. 기업이 사회와 더불어 살아가려면 어떻게 해야 할까? 또한 기업이 사회구성원과 함께 발전하기 위해서는 어떤 활동을 해야 할까?

오늘날 기업은 급속도로 변화하는 경영 환경과 각종 사회적 문제로 인해 기존의 역량만으로는 비즈니스를 성공적으로 영위하기가 어렵다. 이런 상황에서 기업이 선택 가능한 효과적인 돌파구 중 하나로 CSV(Creating Shared Value) 전략이 떠오르고 있다.

CSV는 기업의 경쟁력과 사회공동체의 발전은 상호의존적이라는 개념을 담고 있는 새로운 경영철학으로 '미래의 건강하고 합리적인 성장'이라는 가치를 지향하는 과정에서 탄생했다. 특히 경제위기와 저성장 속에서 더욱 부각되는 이 전략은 단순히 기업의 이익 대비 사회공헌 비용 증가로만 설명하기 어려운 보다 진화된 개념이다.

이윤의 일부를 사회에 환원하는 개념인 CSR(Corporate Social Responsibility)과 달리 CSV는 이윤 확보와 사회 환원을 동시에 이룬다는 점에서 근본적으로 차별성이 있다. 즉, CSV는 그 자체로 매출과 이익을 높이고 사회 문제를 기업의 경제적인 가치창출 활동과 '일체화'하는 것이다.

이처럼 변화된 경영 환경이 만들어낸 CSV는 기업의 생존과 지속가능한 성장을 위한 핵심 전략이다. 무엇보다 이것은 사회적, 경제적 책임을 바탕으로 다양한 이해관계자와 긴밀하고 신뢰감 있게 협력하게 하고 나아가 기업이 지속적으로 성장할 동력을 찾도록 한다.

가령 자사 상품에 반영할 수 있는 사회적 요구나 문제 등을 미리 파악해 이것을 사업 형성 단계부터 적용한다. 또한 사업을 통해 사회 문제를 해결함으로써 결과적으로 수익과 새로운 가치창출로 연결된다는 점에서 CSR보다 더 적극적인 개념이다.

여전히 많은 기업이 사회적 책임경영을 사회공헌쯤으로 인식하는 우리의 현실 속에서 환경적, 사회적인 문제를 해결하며 외부 이해관계자들과 함께 가치창출을 추구한다면 '착한 일을 하면서 돈을 번다'는 긍정적인 이미지로 소비자에게 다가갈 수 있을 것이다.

아무튼 기업이 사회적 공헌을 확대하는 동시에 이윤도 극대화할 수 있다는 것은 매우 참신하면서도 귀가 솔깃한 제안이다. 그뿐 아니라 사회적 가치를 실현하면서 이윤을 추구하는 이 새로운 모델이 뉴 비즈니스로 확고히 자리매김한다면 개인, 사회, 국가를 넘어 세계적으로도 큰 비전임에 틀림없다.

▍**따뜻한** 자본주의, **창조적** 자본주의

자본주의의 역사는 진화의 역사다. 문제에 부딪칠 때마다 자본주의는 새롭게 거듭나 난관과 위기를 돌파해왔다. 예를 들어 1930년대 대공황은 케인스파의 '수정자본주의'를 낳았고, 복지국가가 한계에 도달한 1980년대에는 '신자유주의'로 침체를 이겨냈다.

그러나 이것도 많은 문제점이 들어났고 21세기 들어 자본주의의 새로운 시도가 본격화하고 있다. 이는 빌 게이츠가 '창조적 자본주의(Creative Capitalism)'를 제창하며 시작된다.

이것은 일명 '따뜻한 자본주의'로 냉혹한 이기심 일변도의 '신자본주의' 속성에서 탈피해 온정적인 모습을 갖추려는 것이며 비즈니스 최전선에는 새롭게 등장한 '착한 기업'들이 포진해 있다. 흔히 '사회적 기업'으로 불리는 착한 기업들은 복지나 자선(慈善) 대신 시장(市場)의 힘으로 가난, 실업, 환경, 장애, 질병 등의 사회 문제를 해결하려는 자본주의의 새로운 시도다.

수익만 추구하는 영리기업과 일방적 시혜만 베푸는 자선기관의 중간쯤에 위치한 이들은 '사회에 공헌함으로써 돈을 버는' 사업모델을 추구한다.

이에 따라 막대한 재정적자에 시달리는 선진국들은 착한 기업이 탄생하고 성장하도록 적절한 '생태계'를 조성함으로써 이들의 힘으로 일자리와 복지 등의 사회 문제를 해결하려는 국가 전략을 펴고 있다. 이들이 일방적이고 일시적인 자선이 아니라 지속가능한 사회공헌을 실천함으로써 스스로의 정체성에 걸맞은 비즈니스를 펼치기 때문이다.

빌 게이츠가 주창한 '창조적 자본주의'란 간단히 말해 가난한 사람에게도 이익이 돌아가는 자본주의다. 이것은 기업이 이익을 추구하되 빈곤층의 필요도 충족시킨다는 개념으로 빈곤층을 대상으로 한 적극적인 기업 활동부터 자선활동의 사업화까지 포함한다.

창조적 자본주의는 빌 게이츠가 2007년 하버드 대학 졸업식 축사와 2008년 세계경제포럼 기조연설을 통해 그 중요성을 역설하면서 체계적으로 도입되기 시작했다. 그의 하버드 대학 연설 중 일부를 살펴보자.

"'시장의 힘'으로 힘없는 이들을 위해 더 좋은 일을 할 수 있도록 자본주의를 창조적으로 만들어야 합니다. (…) 세계에 만연하는 질병과 가난, 불평등을 없애려면 창조적 자본주의가 필요합니다. 또한 우리가 주지하는 바대로 자본주의로 인한 경제적 불평등을 해소하기 위해서도 창조적 자본주의를 도입해야 합니다."

빌 게이츠는 세계경제포럼 기조연설에서 세계가 점점 부유해지고 있음에도 불구하고 누군가는 계속 빈곤하게 살아가는 자본주의의 모순을 지적하며, 빈부격차 문제를 해결하려면 "부유한 사람들에게 유리한 자본주의를 가난한 사람들에게도 이익이 되도록 만들어야 한다"라고 주장했다. 이것은 지금까지 없었던 전혀 새로운 개념으로 그는 이 새로운 형태의 자본주의를 '창조적 자본주의'라고 명명했다.

창조적 사본주의의 핵심은 기업과 국가, 비영리단체가 협력해 보다 많은 사람이 이익을 얻는 시스템을 만드는 데 있다. 이는 경제활동을 통해 이익을 분배한다는 점에서 기존의 자선활동과는 차이가 있다.

이를테면 창조적 자본주의 시스템에서 기업은 가난한 사람들에게 제품 및 서비스를 제공해 이익을 얻고, 빈곤층은 필요한 제품 및 서비스를 구매해 질병과 가난의 위험에서 벗어난다.

이때 영리추구가 목적인 기업 활동에서 부족한 부분은 비영리단체나 국가 등이 지원함으로써 국가와 기업, 비영리단체가 같은 가치를 공유 및 실현하는 하나의 시스템을 구축한다.

이러한 창조적 자본주의는 구호물품 전달이나 봉사활동 등 기존의 자선활동보다 효과적이고 지속가능한 방식으로 특정 국가와 기업에 집중되던 부를 가급적 넓게 분배해 불평등을 완화한다.

아무튼 이윤추구라는 기업 활동과 소외받는 계층에 대한 지원이라는 개념상으로 서로 모순적인 두 가지 콘셉트의 조화를 이끌어내 기업이 자본주의의 혜택을 받지 못하는 빈민층을 대상으로 적극 활동하게 하는 것이 창조적 자본주의 시스템이다.

구호물품 등을 단순히 제공하던 기존의 방식에서 벗어나 적극적인 실천을 통해 자선활동 자체를 사업화함으로서 관련 단체 및 기업들이 함께 연대해 빈곤 탈출을 위한 포괄적인 노력을 기울이는 활동이 가능해 지는 사업모델인 것이다.

이 모델의 이론적 근거를 제시한 빌 게이츠는 하버드 대학 졸업식 축사와 세계경제포럼의 기조연설에서 현대 자본주의의 병폐를 비판하며, 무자비하고 폭력적인 자본주의가 양산한 지구상의 빈곤과 싸우는 것을 앞으로의 업(業)으로 삼겠다고 선언했다.

빌 게이츠의 선언을 멋지게 실현한 주인공은 의외의 곳에서 등장한다. 바로 '부로(Burro)'라는 브랜드로 가나에서 월정액 배터리 서비스를 시작한 알렉산더 형제다.

형 맥스 알렉산더는 〈버라이어티〉, 〈피플〉 등의 잡지에서 편집장으로 일했고, 동생인 휘트 알렉산더는 전 마이크로소프트 직원이자 미국 중앙정보국(CIA) 요원 출신이다.

전직만 보면 둘은 어색한 조합이지만 이들은 이 유쾌한 모험에 도전해 멋지게 성공했다. 기업의 영리추구가 곧 빈곤층의 번영으로 이어지는 이른바 착한 자본주의의 실험에 성공한 것이다.

아프리카는 지구촌에서도 빈곤의 대명사로 수많은 국가와 자선단체가 도움의 손길을 내밀었지만 빈곤의 굴레를 끊기가 쉽지 않은 조건을 갖추고 있다. 알렉산더 형제는 전기가 귀한 가나에서 값싸고 성능 좋은 배터리를 임대하는 사업을 하면 현지인의 소득이 늘어나고 삶의 질이 개선될 것이라고 판단했다.

전기료가 낮아지면 생산원가가 줄어들어 제품 값이 떨어지고 이것이 소득증대로 이어질 것이라고 본 것이다. 물론 선진국 기업의 관점에서 '부로'의 초기 경영 형태는 몹시 처량했다.

이들은 직원들이 트럭에 배터리를 싣고 비포장도로를 달려 고객을 찾아다니는 1차원적인 마케팅을 기본으로 했다. 여기에다 찌는 듯한 더위, 스릴 넘치는 교통지옥, 독충과 병원균, 어쩌다 한 번 나오는 물, 지금까지의 수많은 원조 탓에 공짜를 당연시하는 문화, 주민들의 무감각한 시간관념, 관료들의 부패 등 수많은 난관이 이들 형제를 가로막았다.

그러한 많은 난관 속에서도 특유의 기지와 유머로 어려움을 극복하며 천리 길도 마다하지 않고 달려가 한 명 한 명 만난 끝에 이들의 노력은 나비효과를 내기 시작했다.

밤새 손전등을 사용하는 일이 가능해지자 가나의 밤은 안전해졌고, 아이들은 밤에 숙제를 하는 데 지장을 받지 않았으며, 늘 라디오를 듣게 되면서 고된 노동에도 하루를 즐겁게 보냈다. 낮은 임대료에 성능이 월등하자 주민들 사이에 빠른 속도로 입소문이 퍼졌고 결국 그들은 상황을 멋지게 역전시켰다.

이것은 저렴한 가격이지만 기업에 이익을 주는 선순환 구조로 알렉산더 형제도 이 사업이 자선활동과는 다르다고 강조한다.

기업의 영리추구가 빈곤층의 번영으로 이어지면서 알렉산더 형제는 배터리로 가나의 밤에 불을 밝히는 동시에 아프리카의 빈곤 해결을 위한 희망의 빛을 밝힌 것이다.

현지 실정에 잘 맞는 이 사업은 이른바 '창조적 자본주의'의 실현 가능성을 보여주는 실례로 어떻게 하면 빈곤을 근본적으로 타파할 수 있는지 생생하게 증명해준다.

덕분에 부로의 성공 사례는 인근 국가로 빠르게 번져 나가고 있다. 즉, 낮은 원가에 질 좋은 제품을 만드는 창조적 자본주의가 인근 각국에 전파되고 있는 것이다.

▌**사회** 시스템이 **상위** 1퍼센트에게 **유리하다**

얼마 전 지구촌은 실업과 자본주의의 병폐, 금융권 및 부유층의 탐욕에 대한 반감을 표출하는 '반(反)월가' 시위로 몸살을 앓았다. 이 시위는 전 세계 80여 개국 1,500개 이상의 도시에서 동시다발로 열렸고 그 여진은 계속되고 있다.

외형상 지금은 평온한 것처럼 보이나 근본적인 원인을 치유하지 않는 한 반감은 언제든 표출될 수 있다. 다음은 당시 시위와 관련된 언론의 헤드라인이다.

- 월가를 점령하라(Occupy Wall St).
- 우리는 미래를 빼앗겼다(잃어버렸다).
- 우리는 월가의 탐욕과 실업에 분노한다.
- 1퍼센트 부자가 재산을 불리는 사이에 청년층의 아메리칸 드림은 사라졌다.
- 1퍼센트의 탐욕과 부패를 왜 99퍼센트가 책임져야 하는가?
- 평사원과 고위임원 간의 봉급 차이가 1 : 30에서 2005년 이후 1 : 500으로 벌어졌다.
- 중산층이 급격히 줄어든 2009년도에 집을 제외한 자산이 500만 달러(약 60억 원) 이상인 부자는 무려 17퍼센트가 늘어났다.
- 2001~2007년 소득증가분의 66퍼센트를 상위 1퍼센트가 차지했다. 〈미 국세청 자료〉
- 오늘의 사태는 99퍼센트에게 악재가 생겨서가 아니라 사회 시스템이 상위 1퍼센트에게 유리하기 때문이다.
- 오늘 80개국서 反월가 시위… 서울광장서도 1박2일 점령

왜 전 세계의 많은 사람이 이토록 분노하는 것일까? 세계인, 특히 한국인은 지금 분노의 시대를 살아가고 있다. 이것은 빈곤층이나 일부 불만세력에 국한된 얘기가 아니다. 젊은 층, 노년층, 가난한 사람, 돈 많은 사람 누구나 할 것 없이 행복하지 않다고 하소연이다.

2011년 조사 결과에 따르면 한국 국민은 부유층과 저소득층을 가리지 않고 예전보다 불행하다고 느끼는 것으로 나타났다. 얼마나 행복하고 불행한지 가늠하는 행복지수(100점 만점)가

2003년 64.14점에서 지금은 52.86점으로 추락한 것이다.

특히 월평균 소득이 가구당 600만 원 이상(상위 소득계층)에 속하는 국민도 행복지수가 60.48점으로 나타나 2003년의 국민 평균에도 미치지 못했다. 한국인의 행복지수가 전반적으로 '하향 평준화' 된 셈이다.

공정성과 관련해 각종 정책이 쏟아지는 상황에서 나온 이 결과는 정책 효과가 저소득층의 기대를 충족시키지 못하고 또 부유층을 중심으로 불안감이 확산되고 있음을 보여준다.

한국 사회를 둘러싼 양극화가 지역갈등 중심에서 소득 중심으로 빠르게 변화하고 있다는 얘기다. 그러다 보니 분노가 가진 자와 갖지 못한 자 간의 전통적 양상이 아니며 가진 자끼리 혹은 갖지 못한 자끼리 서로 물고 뜯는다.

물론 어느 시대, 어느 나라에든 분노는 있게 마련이다. 그렇지만 지금 우리 사회는 지나칠 정도로 분노가 쌓여 있다. 무엇이 우리를, 사회를 이렇게 만든 것일까?

무엇보다 저성장의 영향이 크다. 지난 14년간 한국의 연간 성장률은 평균 4.2퍼센트였다. 2016년에는 3퍼센트를 넘지 못할 것으로 보이는데 이 때문에 6~7퍼센트씩 성장하던 시절과 달리 우리에게 돌아오는 파이가 작아졌다. 여기에다 성장의 질도 급격히 떨어졌다. 한마디로 세계화에 찌들고 양극화에 치인 한국인은 일자리 구하는 것조차 하늘의 별 따기인 현실에 지쳐가고 있다.

또한 사람들의 가치관이 변화했다. 1997년 〈매일경제〉가 조사한 바에 따르면 한국인은 최우선 국가 목표로 45.7퍼센트가 경제 강국 진입을 꼽았다. 그런데 그로부터 16년이 흘러 다시 조사해본 결과 경제 강국 진입을 꼽은 응답자는 22퍼센트에 불과했고, 무려 56퍼센트가 개인의 삶의 질을 높여달라고 주문했다.

이는 경제 강국 진입이 개인의 행복으로 이어질 것이라는 '성장 신화'에 금이 갔음을 의미한다. 한편에서는 시장 주도의 신자유주의가 탐욕 자본주의로 변질됐다며 새로운 버전의 자본주의를 주창하기도 한다. 이러한 세태 변화를 정확히 보여주는 것이 다음의 〈동아일보〉(2013. 12. 1.) 기사 내용이다.

'젊은 그들'은 불만을 넘어 분노했다. 사회 양극화는 점점 심해지고 정부의 공정성은 뒷걸음질치고 있다고 생각하는 까닭이다. 더 이상 기성정치에 기댈 여지는 없다. 대의민주주의라고 하지만 '그들만의 리그'일 뿐이다.

본보가 25일 리서치앤리서치(R&R)에 의뢰해 실시한 여론조사 결과 2030세대의 민심 이반과 기성정치에 대한 불신은 상상했던 수준 이상이었다. 부의 균형추가 무너지면서 극소수에게 부가 빨려 들어가는 '1 대 99'의 양극화 현상을 2030세대는 어떻게 느끼고 있을까.

20~30대의 85퍼센트 정도가 우리 사회의 양극화 심화에 공감했다. 양극화는 젊은 세대를 하나로 묶는 '공감 키워드'라고

해도 과언이 아니다. 이는 결국 양극화라는 토양에 이들의 분노가 뿌리내렸음을 짐작하게 하는 대목이다.

양극화 현상은 사실에 바탕을 두고 있다. 우리나라 2인 이상 도시가구 평균 소득은 외환위기 때인 1998년 98만 원에서 지난해 189만 원으로 두 배 가량 뛰었다. 하지만 평균 소득이 뛰었다고 골고루 잘살게 된 것은 아니다.

소득 하위 10퍼센트의 평균 소득은 같은 기간 38만 2,662원에서 59만 9,981원으로 56.8퍼센트가 늘었지만, 상위 10퍼센트의 평균 소득은 165만 8,007원에서 328만 9,915원으로 98.4퍼센트 증가했다. '부의 블랙홀 현상'이 수치로 나타난 것이다.

'한 일본 지식인이 전하는 양극화의 미래'라는 부제가 붙은 《90%가 하류로 전락한다》(후지이 겐키 지음, 이혁재 옮김)에는 이런 글이 나온다.

"국민 다수(90퍼센트)가 하류민으로 전락하며 한 번 떨어지면 다시는 상승할 수 없는 참담한 양극화 시대가 온다. 그 원인은 '글로벌화'의 진전 때문이다. IMF 이후 세계화의 격랑에 휩싸인 한국도 이미 양극화 문제가 화두로 떠올랐다."

이는 작금의 사태가 일시적인 것이 아니라 구조적인 문제라는 주장이다. 대안을 찾는 것이 만만치 않음을 보여준다.

▌**자본주의** 4.0, **착한** 자본주의의 **등장**

반복해서 위기를 겪다 보면 모든 유기체는 본능적으로 생존 자체를 추구하게 마련이다. 더 큰 문제는 개별 생명체가 아닌 집단 전체가 생존 본능을 조직의 우선 원칙으로 삼을 경우 그 집단의 미래가 참담해진다는 점이다. 정상적인 신진대사가 무너지면 생태계의 자동조절 시스템이 더 이상 작동하지 않기 때문이다.

이런 상황에서는 죽어서 사라져야 할 것이 죽지 않고 숨만 붙어 있는 상태, 이른바 좀비가 된다. 이것이 주변에 고통을 안겨주며 불사조처럼 살아남으면 건강하지 못한 100세 시대가 재앙인 것과 마찬가지의 결과를 야기한다.

이런 생태계에서는 모든 구성원이 사회에 자신의 생존을 강요한다. 이것은 힘이 있는 기득권 집단일수록 더 심하다. 재벌이든 노조든 교육자든 의사든 약사든 예외가 없다. 결과적으로 일감 몰아주기 등이 횡행하고 철밥통을 지키기 위해 그들만의 견고한 성을 쌓아간다.

신진대사가 제대로 이뤄지지 않을 경우 인체에 피로와 노폐물이 쌓여 질병이 생기듯 이런 사회도 병들어간다. 즉, 분노와 불만이 쌓이면서 사회가 불안정하고 불건전해지는데 멀리서 찾을 것 없이 지금의 한국 사회가 딱 그렇다.

알고 있다시피 한국 사회는 중산층은 줄어들고 빈곤층은 대폭 늘어나고 있다. 중산층이 추락하면서 빈곤층으로 편입하기 때문이다. 더욱이 교육이나 취업 등의 신진대사를 통해 빈곤층에서 중산층으로, 중산층에서 고소득층으로 상승하는 길이 막혀버리고 말았다.

이런 사태는 근본적으로 어디에서 비롯된 것일까?

현재의 사회적인 분노와 불만의 중심에는 신자유주의, 시장자본주의 그리고 디지털로 무장한 '글로벌화'가 있다. 빈부격차와 양극화 심화로 전 세계의 젊은 층은 물론 중산층까지 불만을 토로하는 이유가 여기에 있다.

근대 세계사에서 매우 중요한 논쟁거리 중 하나는 '경제체제를 어떻게 운용할 것인가'였다. 사회주의는 아예 시장을 버리고 국가에 모든 것을 맡겼고, 자본주의는 시장을 인정하는 대신 시장과 국가의 역할 비율을 시대에 따라 다르게 적용했다.

1930년대의 대공황 시절 미국을 비롯해 많은 국가가 국가 주도로 고용을 창출하고 노동자의 복지를 보호하는 정책을 펼쳤다. 이른바 케인지안 자본주의 시대가 열린 것이다. 이를 통해 서구 경제는 1960년대 말까지 고성장을 이뤘으나 1970년대 들어 고실업과 고인플레가 동시에 발생하고 성장이 둔화되는 어려움을 겪었다.

결국 1970년대의 혼란기를 겪고 1980년대 초 집권한 미국의 레이건 대통령과 영국의 대처 총리가 앞장서서 시장 주도로 바꾼 것이 이른바 '신자유주의'이다. 이들은 시장의 자유를 강조하면서 정부 역할을 줄이고 규제를 풀었으며 세계 금융시장을 통합했다. 경제운영을 시장에 맡긴 것이다.

이 과정은 금융 자본가들이 주도했는데 국가의 역할이 줄어들다 보니 노동자와 소외계층에 대한 보호 장치가 약화되고 빈부격차가 심화되었다.

급기야 2008년 세계 금융위기를 겪으면서 금융 자본가들의 탐욕과 도덕적 해이의 실상이 낱낱이 드러났고 위기의 고통을 맨 먼저 온몸으로 겪은 서민층의 분노가 폭발하기 시작했다.

그동안 한국도 신자유주의의 흐름에 깊이 통합되어왔다. 1990년대 금융자본시장 개방과 IMF 외환위기 이후의 신자유주의적 극복 과정이 대표적이다. 그 뒤에도 계속 시장의 자유를 강조하며 대기업 중심의 정책을 펼친 결과 빈부격차와 양극화 문제가 통제 불가능할 정도로 심화되고 말았다.

예컨대 한국의 대기업들은 세계 일류 대기업들이 추구하는 전문화 추세와 달리 업종을 불문하고 모든 분야에 진출했다. 이 때문에 고용창출의 본산인 중소기업은 쇠락의 길을 걸어왔고 반사적으로 청년실업, 비정규직, 등록금 문제가 심각해졌다.

더구나 한국은 서구의 신자유주의는 받아들였으되 복지 수준은 그들보다 훨씬 열악한 상태에 있다. 그러니 젊은 층을 비롯해 서민과 중산층의 불만이 커지는 것은 당연하다.

이처럼 신자유주의 이래 지난 30여 년은 돈 놓고 돈 먹는 도박판처럼 탐욕과 이기심이 판치는 '승자독식의 경제'가 세계를 지배해왔다. 그 결과는 80퍼센트를 가난하게 만들고 20퍼센트만 살찌는 '20 대 80의 사회'를 지나 지금은 5퍼센트가 모든 것을 갖는 '5 대 95의 사회'에 이른 것이다.

그 결과 많은 사람이 부자들의 비위를 맞추기 위해 온갖 권모술수를 동원하는 '금권정치'가 인간의 본성이라는 미명 아래 모두 용서받을 수 있다고 여긴다.

현실적으로 세계는 넓고 개인의 탐욕은 끝이 없다고 부추기는 신자유주의 경제학을 지렛대 삼아 대기업과 글로벌 기업, 탐욕스러운 정치, 나팔수 역할에 충실한 언론 등이 공을 들인 글로벌화와 세계화는 난공불락일 것만 같다.

하지만 최근 선진국에서 빈번히 일어나는 시위, 폭동의 공통분모는 독재에 대한 항거처럼 정치적인 의도가 아니라 '높은 청년실업률'과 'SNS'다. 세계화와 정보기술 혁명은 기술을 갖춘 이들에게 엄청난 부를 선사했다.

문제는 능력 있는 소수가 정보기술 도구를 토대로 너무 많은 일자리를 먹어치운다는 데 있다. 한 사람이 열 사람의 일을 할 수 있게 된 것이고 과실도 그들에게만 돌아간다.

아이러니하게도 지금은 분노도 정보기술이 낳은 인터넷과 SNS 등을 타고 전 세계로 번지고 있다. 이런 상황에서는 따뜻한 자본주의에 바탕을 둔 사업모델의 등장은 당연한 귀결이고 이를 '자본주의 4.0'으로 부르는 것도 무리는 아니다.

18세기에서 1920년대까지 지속된 자유방임 자본주의를 1.0으로 보고, 이후 1930년대 대공황을 겪으면서 정부의 시장 개입이 대세였던 시기를 2.0으로 규정한다. 그러다가 '자본주의 2.0'이 1970년대의 스태그플레이션으로 휘청거리자 비효율적인 정부 대신 시장에 모두 맡겨야 한다는 신자유주의가 태동했는데 이 시기가 '자본주의 3.0'이다.

그러나 이제는 기존의 제도에 한계와 문제점이 있음이 드러났고 그런 여러 가지 문제에 대처하고자 새롭게 등장한 개념이 바로 '자본주의 4.0'이다.

최근에 논의를 시작한 '자본주의 4.0'은 따뜻한 자본주의, 착한 자본주의로 귀결되고 있다. 이것은 자본가의 선의와 이를 바탕으로 한 공정한 사회, 번영하는 국가를 지향하는데 한국 정부도 '공생 발전'을 강조하며 이러한 흐름에 힘을 실어주고 있다.

▌선도적인 성장 산업, 소셜벤처 모델

한국뿐 아니라 전 세계의 모든 젊은이가 성공하려면 예전보다 더 많은 학위를 받고 더 많은 기술을 배워야 한다. 남들만큼 노력해서는 좋은 일자리를 얻을 수 없다. 글로벌화는 심지어 외국에 있는 이름도 모르는 기술자마저 내 경쟁상대로 만든다.

기업들은 글로벌 인적자원을 활용해야 한다며 외국에서 능력 있는 젊은이들을 뽑는다. 이 때문에 많은 양질의 일자리가 외국의 젊은이에게 돌아간다. 특히 이들이 받는 고임금은 일자리를 구하는 젊은이들의 어깨를 짓누르는 한편 분노를 확대시킨다.

현실에 대한 분노는 비록 지금보다 가난하긴 했어도 일자리가 있었던 대다수 기성세대를 향하고 있다. 젊은이들이 경제발전과 복지의 풍요를 모두 누려온 기성세대에게 온힘을 다해 '상대적 박탈감'을 표출하고 있는 것이다.

이러한 경향은 특히 2008년 금융위기 이후 더욱 두드러졌다. 이들은 자신과 아무런 관계도 없는 금융위기의 대가를 자신들이 받고 있다는 사실에 분노한다. 다행히 도박판처럼 엉망진창인 세상을 보다 나은 곳으로 만들기 위해 '아름다운 반란'에 나선 새로운 비즈니스맨들이 등장하고 있다.

그 선두에 소셜벤처(Social Venture) 사업가가 있는데 이들은 개인적인 선행에 그치지 않고 세상을 바꾸기 위해 아이디어를 내고 그 신념을 지키기 위해 열심히 발로 뛴다는 특징을 보인다.

특히 이들은 기존 경제학의 '돈독'을 씻어내고 무한경쟁으로 생채기가 난 사회적 빈틈을 메우며 벼랑 끝에 내몰린 사회적 약자들에게 자활의 손길을 내민다. 또한 시장에 뛰어들어 사회적 자본을 확충하는 한편 사회적 유익을 극대화한다. 요컨대 자기 지갑에 넣기 위해서가 아니라 세상을 바꾸고 사회를 혁신하기 위해 돈을 벌고 쓰는 것이다.

이처럼 사회를 혁신하기 위해 경제활동을 하는 것이 '소셜벤처 경제학'이며 이를 통해 '탐욕스런 얼굴을 한 자본주의'를 '인간의 얼굴을 한 자본주의'로 바꾸는 것이 '소셜벤처 비즈니스 운동'이다.

새로운 사업모델은 공익적 가치를 창출하려는 반성적 기업철학에서 비롯되고 있으며, 미국에서는 엘리트 양성기관인 하버드 비즈니스스쿨과 스탠퍼드 비즈니스스쿨 등이 2000년부터 사회적 기업가정신(Social Entrepreneurship) 강좌를 개설했다.

이미 도처에서 대오를 갖춰 행진을 시작한 이들은 새로운 길을 열고 있다. 지금부터 설명할 사회적 기업가와 소셜벤처 그리고 제4섹터가 대표적이다.

피터 드러커는 사회적 기업을 '미국의 선도적인 성장 산업'이라고 했고 하버드 대학 케네디스쿨의 데이비드 거겐(David Gergen) 교수는 '개혁의 새로운 엔진'이라고 평가했다.

사회적 기업은 선진국에서든 개발도상국에서든 가장 주목받는 사회적 혁신 운동으로 확산되고 있다. 우선 우수한 인재들이 사회적 유익에 관심을 돌리고 있고 이들에 대한 사회적 투자가 밀려들기 시작했다. 한국과 유럽에서는 관련 법률을 제정하기도 했다.

선진국에서는 사회적 기업이 사회, 교육, 보건 등 기초적인 사회적 서비스를 빈곤층과 낙후된 지역의 구석구석으로 전달하기 위한 새로운 복지 전달 체계의 중심축으로 떠올랐다.

또한 이것은 빈곤과 실업에 대해 혁신적인 해법을 제시하고 사회적 약자를 끌어안음으로써 사회적 자본(Social Capital)을 확충하는 사회 통합의 대안으로 주목받고 있기도 하다.

그러면 소셜벤처 모델과 유사하게 사회적 비즈니스 활동을 하는 사례를 하나 살펴보자.

고객이 신발 한 켤레를 사면 다른 한 켤레를 지구촌 어딘가에 사는 맨발의 아이에게 전해주는 일대일 기부, 이른바 '원 포 원(One for One)'이라는 슬로건으로 사업을 하는 회사가 있다. 그 회사는 바로 탐스로 그들이 착한 일을 한다는 소문은 금세 퍼졌고 신발은 날개 돋친 듯 팔려 나갔다.

미국 LA에서 인턴 직원 세 명과 함께 시작한 탐스는 현재 전 세계 1,000여 곳에 매장을 거느린 회사로 성장했다. 탐스는 2016년 초까지 5,000만 켤레를 팔았다고 하는데, 이는 곧 신발 5,000만 켤레를 70여 개국 아이들에게 나눠줬다는 뜻이다.

탐스의 창립자 블레이크 마이코스키는 스물아홉 살이던 2006년 아르헨티나로 여행을 갔다가 맨발로 돌아다니는 아이들을 보았다. 신발을 살 돈이 없어서 맨발로 다니는 아이들의 발은 상처로 가득했고 피가 흐르거나 물집이 잡혀 있었다. 그는 아이들이 감염으로 발이 단단해지거나 두꺼워지는 상피병(象皮病, 코끼리 피부병) 혹은 파상풍에 자주 걸린다는 사실을 알게 됐다.

당시 마이코스키는 '신발 한 켤레를 팔 때마다 가난한 아이에게 신발 한 켤레를 기부하면 어떨까? 그러면 안정적이고 지속적으로 기부할 수 있지 않을까?'라는 생각을 했다고 한다. 그렇게 해서 만든 것이 '내일의 신발(Tomorrow's Shoes)'이라는 뜻을 담은 탐스다.

탐스의 수익모델, 즉 수익구조는 의외로 간단하다. 고객이 신발 한 켤레를 살 때 두 켤레 값을 낸다고 생각하면 된다. 이 부분과 관련된 마이코스키의 얘기를 들어보자.

"우리는 다른 회사들처럼 수백만 달러씩 지불하면서 광고를 하거나 마케팅 비용을 들이는 대신 회사 이야기를 널리 알립니다. 젊은 세대에겐 그게 더 효과적이지요. 저는 그 복음(TOMS's Gospel)을 전하기 위해 전 세계를 돌아다닙니다."

기부로 사업하는 법을 배웠으니 이제는 "망해도 괜찮다"라고 말하는 그는 아이들을 위한 더 나은 미래를 원한다고 했다. 그러면서 묘비명을 '많이 줄수록 오래 살리라(The more you give, the

굿바이 흙수저

more you live)'로 지었다는 그는 자랑스럽게 말했다.

"탐스는 내가 돈 버는 것을 목적으로 하지 않은 첫 번째 사업이었어요. 이윤을 생각하지 않고 시작한 일이 커다란 성공을 거뒀다는 것은 정말이지 기적 같은 일이죠."

외형상 사회적 기업과 소셜벤처는 여러 가지 면에서 거의 유사해 보인다. 그런데 한국에서 사회적 기업은 정부의 지원을 받되 인증이 필요하다. 반면 소셜벤처는 인증제도에 따른 설립기준에 구애받지 않고 보다 다양한 방식 및 형태를 통해 창의적으로 사업을 진행할 수 있다.

즉, 시민운동으로서의 성격은 비슷하지만 정부의 인증과 함께 간섭도 받는 사회적 기업에 비해 소셜벤처는 스스로의 판단으로 봉사와 영리행위를 한다는 점에서 사업적으로 강점이 있다.

누구의 간섭도 받지 않고 영리행위를 하고 그 돈으로 봉사를 한다는 점에서 소셜벤처는 도전적이고 자율성이 높다. 또한 중·대규모화한 사회적 기업에 비해 대부분 소규모 창업이므로 일자리 창출 효과도 기대된다.

결국 진정한 의미의 '창직'은 소셜벤처이며 잘만 운영하면 사회나 개인 양쪽 모두에게 크게 기여할 수 있다.

그런데 왜 벤처라고 하는 걸까? 벤처와 소셜벤처도 비슷해 보이긴 하지만 내용은 크게 다르다. 예전에는 소셜벤처를 그냥

'벤처기업'이라고 불렀다. 하지만 벤처가 단순히 기술이나 아이디어를 상업화하기 위한 기업이라면 소셜벤처는 사회적인 문제와 함께 경제적인 부분도 해결한다는 점에서 다르다. 사회 문제를 벤처로 보고 접근한다는 점에서 대단히 공격적인 셈이다.

아무튼 공익적 기여를 목적으로 기업 활동을 한다는 측면에서 상당히 혁신적인 모델임이 분명하다. 나아가 구직이 아니라 나눔과 창조를 바탕으로 '스스로를 고용'하는 창직 시대에 제대로 부응하는 모델이다.

Chapter **02**

돈도 벌고 남도 돕는 사업모델

　"우리는 사람들을 눈먼 시장의 힘에 종속시키고 그 같은 힘이 민족의 발전을 좌우하게 만드는 신자유주의라는 자본주의의 부활을 곳곳에서 목도하고 있다. 국제 사회에서 대다수 국가는 더 빈곤해지고 소수의 국가는 극도로 부유해지고 있는 것이다. 그 결과 부자는 갈수록 더 부유해지고 빈자는 더욱더 가난해지고 있다."

　이 말은 1998년 교황 요한 바오로 2세가 쿠바 아바나에서 한 설교 중 일부다. 최근 UN 캠페인에서도 "세계 최고의 부자 세 명이 가장 가난한 나라에 사는 6억 명보다 더 많은 부를 좌지우지한다"라고 보고했다.

한국에서도 빈부격차와 양극화 문제를 제기하는 주장이 수없이 쏟아져 나온다. 이들은 공통적으로 자본주의 시장경제가 문제라고 주장한다. 한 국가 내에서의 계층 간 빈부격차든 국가 간 빈부격차든 모든 문제는 자본주의 시장경제 때문이라는 얘기다.

과연 그럴까? 사실 이 주장은 크게 호소력 있는 내용이 아니다. 빈부격차 문제는 자본주의에만 존재하는 것이 아니라 어느 시대, 어떤 사회에나 늘 존재했기 때문이다.

가령 고대 사회에서 가장 발달한 나라로 알려진 로마제국은 전체 구성원 5,000~6,000만 명 중 0.05퍼센트에 불과한 호네스티오레스(더 고귀한 자들)가 부의 80퍼센트를 소유하고, 이른바 하루살이처럼 '벼랑 끝' 삶을 살던 사람이 전체 인구의 65퍼센트에 달했다고 한다.

또한 1800년대 말까지만 해도 가뭄과 기근으로 수단, 에티오피아 등 일부 국가에서는 전체 인구의 3분의 1이 사망했다는 기록이 있다. 상상이 가는가? 무려 3분의 1이다.

이러한 기록에 따르면 과거에는 소수의 지배계층만 경제적으로 어려움이 없었으나 지금은 대다수가 기근 때문에 굶어죽을 염려는 하지 않아도 된다. 국제적으로 보더라도 오늘날에는 지구촌의 일부가 가난하지만 자본주의 이전 시대에는 거의 모든 지역이 가난했다.

역설적이게도 인류는 자본주의 덕분에 가난의 질곡으로부터 해방된 것이다. 더구나 빈부격차의 폭도 훨씬 더 줄어들었다. 사정이 이런데도 불구하고 빈부격차에 대한 비난은 항상 자본주의 체제 자체로 향하고 있다.

더 흥미로운 것은 빈부격차에 대한 비판이 꽤 보편적인 것 같지만 자세히 들여다보면 그렇지도 않다는 점이다. 아이러니하게도 자본주의에 대한 비판은 당장 내일의 끼니를 걱정하는 나라가 아니라 좀 살 만한 나라에서 많이 나온다.

다시 말해 자본주의 시장경제를 통해 잘살게 된 국가에서 오히려 빈부격차에 대한 비판이 더 극심하다. 얼마나 역설인가?

▌주주(株主)도 없고 배당도 없는 사업모델

반(反) 월가 시위는 한국뿐 아니라 전 세계가 동시에 실업과 양극화 등의 문제로 몸살을 앓고 있음을 보여준다. 미국 금융의 심장부 월스트리트에서 시위 중에 체포된 젊은이들의 손에는 '부자 과세', '기업 복지 대신 건강보험을 달라' 같은 피켓이 들려 있었다.

한국을 휩쓸고 간 '반값 등록금' 이슈도 한국이 원조가 아니다. 2010년 등록금 인상에 반대하는 5만여 명의 영국 학생이 집권보수당의 당사를 점거했다. 이들이 주장한 "열 명이 들어가서

다섯 명이 실업자가 되는데 무슨 수로 학자금을 갚느냐"는 항변 역시 한국에서 되풀이되었다.

그나마 앞의 두 시위는 저항 이유가 뚜렷하다. 하지만 최근 영국을 비롯해 유럽 일부 국가에서 벌어진 폭동은 정치적 목적이나 공격 대상이 따로 없다. 반정부 시위대가 상투적으로 내거는 '정권 퇴진' 구호조차 찾아보기 힘들다.

빈곤한 청소년뿐 아니라 백만장자의 딸도, 청소년 홍보대사도 모두 폭동에 참여했다. 젊은이들은 이유 없이 상점을 때려 부수고 경찰서를 공격했으며 훔친 상품을 페이스북에 올려 자랑했다. 심지어 학교에 불을 지르기도 했다.

일종의 '묻지마 폭동'인 셈인데 젊은이들의 이런 분노가 대체 어디를 향한 것인지 기성세대는 답을 찾지 못해 당혹스러워한다. 실은 젊은이들이 분배에 대한 요구 끝에 절망을 넘어 약탈을 시작한 것이다. 시위에는 다양한 이유가 있다.

오늘날의 전 세계적인 시위에는 공통적으로 '우리는 눈에 보이는 미래를 위해 싸우고 있다'는 슬로건이 적절할 것 같다. 즉, 희망이 없는 미래 혹은 미래의 꿈과 희망을 잃어버린 젊은이들이 거리로 나서고 있다는 얘기다. 눈여겨볼 일은 이런 시대적 배경 아래 새로운 사업모델이 속속 등장하고 있다는 사실이다.

예를 들어 창조적 자본주의란 '가난한 사람에게도 이익이 되는 자본주의'를 말한다고 앞에서 설명했다. 기업이 이익을 추구하면서도 빈곤층의 필요를 충족해야 한다는 개념으로 빈곤층을 대상으로 한 적극적인 기업 활동에서부터 자선활동의 사업화까지를 포함한다.

세계는 점점 부유해지는데도 누군가는 계속 빈곤한 상태가 유지되는 자본주의의 모순 속에 빈부격차 문제 해결을 위해 '부유한 사람들에게 유리한 자본주의를 빈곤한 사람들에게도 이익이 될 수 있게끔 해야 한다'는 이론적 근거이다.

이런 새로운 형태의 자본주의를 이론적 토대로 하여 등장하는 모델이 소셜벤처(Social Venture)이다. 이것은 수익 창출과 사회적 목적을 동시에 추구하는 기업 활동을 함으로서 시장(市場) 원리로 사회적 가치를 달성하려는 시도이다.

취약계층을 위한 공공서비스를 제공하지만 영리를 목적으로 한다는 점에서 사회복지법인과 다르고 벌어들인 이익을 다시 사회적 목적을 위해 재투자한다는 점에서 민간 기업과는 전혀 다른 '제4의 섹터'이다. 또 기부가 일회성인 반면 이런 착한 기업들은 비즈니스 활동을 통해 지속 가능한 사회공헌을 한다는 점에서 차이가 있다.

이런 성격을 가진 소셜벤처는 도전적인 사업모델로 2000년대 초부터 미국 엘리트들을 중심으로 서서히 확산되고 있다. 특히 자본주의의 사회 문제를 해결하고자 하는 선진사회의 새로운 대안으로 급부상 중이다.

'벤처사업'이란 기본적으로 개인이나 소수의 기업가가 혁신적인 아이디어를 상업화하기 위해 설립한 기업을 뜻한다. 이때 벤처는 주로 대기업이 뛰어들기 어려운 특수한 분야의 사업이기에 높은 위험 부담을 감수해야 하지만, 반대로 성공할 경우에는 기대 이상의 높은 수익을 예상할 수 있다.

 이것에 사회복지의 소셜(Social)이 결합됨으로서 착한 마음을 바탕으로 하여 일회성의 진부한 사회복지 사업이나 반대로 돈만 벌면 그만인 일반적인 비즈니스를 추구하는 것이 아니라 수익사업을 하면서 사회문제도 해결하려고 하는 새로운 성격을 가진 비즈니스가 탄생한 것이다.

 전혀 어울릴 것 같지 않은 두 가지 즉, 사회문제 해결과 이윤 추구라는 서로 다른 가치를 추구하는 것인데 더 구체적으로는 비즈니스 활동을 통한 수익을 기반으로 취약계층에게 사회서비스나 일자리를 제공하는 등 사회문제의 해결과 사회 목적을 동시에 성취하려 하는 것이다.

 우리는 평생 모은 재산을 사회복지재단에 기부하는 김밥 할머니, 가족보다 불우이웃을 위해 헌신하는 종교계 인사, 보다 많은 사람을 위해 봉사하는 것에 보람을 느끼며 사는 사람 등 사회에 온정을 베푸는 사람을 보면 감동을 받는다.

 남을 돕기 위해 반드시 자신의 경제적 이익을 희생하고 주변 사람들에게 불편을 강권해야 하는 것은 아니다. 소셜벤처 혹은 사회적 기업은 자신의 재능을 일정 부분 남에게 환원하면서 경제적 실익도 포기하지 않는다.

▌ **가난한** 사람들이 **주인공,** 그라민 **은행**

2006년 12월 10일 노르웨이 수도 오슬로에서 노벨평화상 시상식이 열렸다. 수상자는 방글라데시의 그라민(Grameen) 은행과 이 은행을 만든 무하마드 유누스(Muhamad Yunus) 총재였다.

방글라데시에서 극빈층을 위한 은행인 그라민 은행을 창립한 유누스는 이 은행을 통해 가난한 사람들이 홀로 서는 데 도움을 준 공로를 인정받아 2006년 노벨평화상을 수상한 것이다.

무하마드 유누스는 미국의 한 잡지와 인터뷰를 하는 자리에서 이렇게 말했다.

"우리는 가장 가난한 사람들에게 돈을 빌려줍니다."

이 말은 강한 흡인력이 있을 뿐 아니라 소위 '전통적 지혜'를 완전히 뒤엎는다. 전통적 지혜란 부자들이 보편적으로 이용하는 바람에 대중에게 큰 거부감 없이 진리로 받아들여지는 논리를 말한다.

가령 파레토 법칙(20 대 80의 법칙)은 세계 각국의 은행들이 신봉하는 법칙이다. 은행들은 대부분의 고객을 '중요한 소수'와 '쓸모없는 다수'로 구분한다. 은행지점마다 VIP룸을 따로 마련한 것이 이 사실을 증명해준다.

유누스가 그라민 은행을 창립한 것은 거대한 롱테일(Long Tail, 긴 꼬리) 시장에 주목했기 때문이다. 그는 미국 잡지와의 인터뷰에서 그라민 은행이 가장 크게 기여한 것은 가난한 사람들에게 대출해주는 시스템과 기술을 창조한 점이라고 말했다.

가난한 사람은 담보가 없고 대출금액도 적어서 대다수 은행이 거부하는 대상이지만, 그라민 은행은 가난한 사람들에게 대출을 해주고(심지어 가난이 대출조건이다) 그들이 자립하도록 돕는 데 성공했다.

2005년 700만 달러였던 그라민 은행의 순이익은 2006년 약 2,000만 달러로 급증했다. 그는 빈곤층도 중요한 소비시장이자 거대한 긴 꼬리가 될 수 있음을 증명한 셈이다. 그라민 은행에서 대출받은 사람 가운데 96퍼센트는 빈곤층 여성이다. 이 은행에서는 거지도 소액대출을 받을 수 있다.

거지를 고객으로 받아들이는 이유는 '사람들에게 고기를 잡아주지 말고 고기 잡는 법을 가르쳐야 한다'는 유누스의 신념 때문이다. 그는 거지들에게 돈을 기부하는 대신 그들에게 돈을 빌려주고 사업 밑천으로 삼게 했다. 결국 무하마드 유누스는 자신의 은행을 통해 역발상적인 경영을 펼침으로서 자신이 옳았다는 것을 증명한 것이다.

그라민 은행이 '은행' 간판을 정식으로 내건 것은 1983년 3월 26일의 일이었다. 이 은행은 여느 은행과 마찬가지로 예금도 받고 대출도 하고 이자도 주고받는다. 여느 은행과 다른 점이 있다면 그것은 가난한 사람들을 고객으로 한다는 사실이다. 다른 은행들은 이 은행의 고객들을 받아들일 생각도 없고 받아들일 방법도 모른다.

그렇지만 그라민 은행은 아무리 발버둥을 쳐도 가난에서 벗어나기 힘든 사람들에게 적게는 10달러에서 많게는 몇 백 달러의 돈을 신용만으로 빌려준다. 그리고 시중은행보다 낮은 연리 20퍼센트의 이자를 받는다. 그렇게 해서 과연 은행이 제대로 굴러갈까 싶겠지만 우려와 달리 아주 잘 굴러가고 있다.

고객이 빌린 돈을 갚지 않아도 은행 측에 돈을 받아낼 아무런 법적 조건이 없음에도 불구하고 대출받은 사람들의 98.85퍼센트가 원금과 이자를 다 갚기 때문이다.

그 결과 빈민을 위한 그라민 은행은 방글라데시 전역에 2,431개의 지점을 두고 7만 8,659개 마을의 빈곤층 720만 명에게 금융 서비스를 제공하고 있다. 소기업 창업 대출, 주택금융, 학자금 대출, 소상공인 융자 등의 항목으로 이들에게 대출해준 총액은 60억 달러에 달한다고 한다.

이 은행의 기상천외한 금융기법은 이 같은 성공에 힘입어 노벨평화상을 수상하기 훨씬 이전부터 가장 강력한 빈곤 퇴치 프로그램으로 인정받았다. 그라민 이 시작한 혁신적인 방식이 현재 빈곤국은 물론 선진국에도 확산되어 전 세계 빈곤층 약 1억 명에게 혜택을 수고 있다.

풀브라이트 장학금을 받아 1969년 미국 밴더빌트 대학에서 경제학 박사학위를 취득한 유누스는 1972년 귀국해 치타공 대학에서 경제학을 가르쳤다.

그런데 1974년 방글라데시에 극심한 기근이 몰아쳤고 길거리에는 굶어 죽는 사람들이 속출했다. 유누스는 노벨평화상 수상 연설을 할 때 당시의 상황을 떠올리며 이렇게 말했다.

"내가 대학 강의실에서 고상한 경제학 이론을 가르치고 있다는 사실이 견디기 힘들었다. 가까이에서 굶주림과 빈곤을 접하다 보니 갑자기 모든 경제학 이론이 공허하게 느껴졌다."

그는 곧바로 제자들과 함께 대학 주변 마을의 실태를 조사했다. 그러던 중 마흔두 명의 여성이 고리대금업자에게 빌린 27달러를 갚지 못해 노예 같은 삶을 살고 있음을 발견했다. 유누스는 지갑에서 27달러를 꺼내 아무 조건 없이 그들에게 빌려주고 먼저 고리대금부터 갚으라고 말했다.

얼마 후 그 마흔두 명의 여성은 유누스를 찾아와 빌린 돈을 모두 갚았다. 겨우 27달러가 마흔두 명의 삶을 변화시킬 수 있음을 확인한 순간이었다.

그라민 은행은 기존의 영리, 비영리의 잣대로는 잴 수 없는 새로운 법인이다. 상법상으로는 일반은행과 같은 영리기업이지만 설립 목적과 운영 방식은 비영리적이다. 가난한 사람들에게 대출을 해주고 수익은 사회복리 증진에 재투자하니 말이다.

은행의 소유구조도 독특하다. 그라민 은행은 정부 지분 8퍼센트를 제외하면 나머지 92퍼센트가 소액대출을 받은 가난한 사람들의 소유다. 은행 주식은 대출을 받은 회원에게만 주어지며 비회원에게는 이 주식을 양도할 수 없다.

유누스는 이윤 극대화를 추구하는 영리기업과 달리 '세상과 인류를 위해 좋은 일을 하는 것'을 사회적 사업(Social Business)이라 규정한다. 여기서 투자자는 투자분은 회수해도 수익에 대해 배당은 요구하지 않으며 수익을 모두 사회적 사업에 재투자한다. 이것이 바로 기업에 대한 유누스 식의 정의다.

이 기준에 따르면 사회적 사업에는 가난한 사람들에게 직접 혜택이 돌아가게 하는 것과 가난한 사람들을 그 사업의 주인으로 삼는 두 가지 형태가 있다. 유누스는 그라민 은행을 후자의 대표적인 사례로 꼽는다. 그라민 은행은 가난한 사람들의, 가난한 사람들에 의한, 가난한 사람들을 위한 은행인 셈이다.

유누스는 돈을 빌려간 가난한 사람들이 지불한 이자를 다시 가난한 이들을 위한 다양한 사업에 재투자하는 선순환 구조를 만들었다. 그는 가난한 사람들이 그라민 방식을 독립적으로 운영해야 하는 이유를 경제학자답게 설명한다.

"아무리 훌륭한 빈곤 퇴치 프로젝트도 가난하지 않은 사람이 어떤 식으로든 관여하면 가난한 사람들은 소외당하게 마련이다. 악화(惡貨)가 양화(良貨)를 구축한다는 그레셤의 법칙이 말해주듯, 어떠한 경제 발전 프로그램에서든 가난한 사람과 가난하지 않은 사람이 뒤섞이면 반드시 가난한 사람이 소외된다.

또 가난한 사람끼리라면 더 가난한 사람이 소외된다. 애초부터 가난한 사람을 보호하는 장치를 마련하지 않는 한 이러한 메커니즘은 깨지지 않고 영속된다. 가난한 사람들을 위한다는 명목으로 시작한 일이 가난하지 않은 사람들의 배를 채우는 일로 변질되기 일쑤인 것은 그런 이유 때문이다."

▌기부에 '대출'의 개념을 도입한 키바

키바(KIVA)는 단순한 기부를 넘어 기부에 '대출'이라는 개념을 도입했다는 점에서 기존의 방식과는 차이가 있다. 이 회사를 소개하는 내용을 보자.

"여러분은 더 나은 세상을 꿈꾸며 자신의 시간이나 돈, 경험, 기술, 네트워크 등 그 어떤 무엇으로라도 다른 사람들을 위해 사용한 적이 있으신가요? 오늘은 새롭고 다양한 기부방식들을 소개해 드리겠습니다. 먼저 빈곤 문제 해결을 넘어 빈민들이 스스로 자립할 수 있도록 새로운 기부 패러다임을 실현한 비영리 단체 '키바(Kiva)'를 소개해 드리겠습니다."

키바의 창업자 제시카 플래너리(Jessica Flannery)는 스탠퍼드 대학 시절 무하마드 유누스의 강의를 들으며 마이크로 크레디트의 세계를 처음 접했다. 이후 그녀는 컴퓨터 전문가인 남편 매트와 함께 그라민 방식에 자신만의 독창성을 더한 키바 방식을 만들어냈다.

예컨대 제시카와 매트가 공동으로 설립한 키바는 투자자(기부자)가 대출 희망자(수혜자)에게 기부한 금액을 나중에 환급받을 수 있는 기부 방식을 도입한 비영리단체다.

이들은 온라인상에서 가난한 사람들에게 담보 없이 창업을 위한 종자돈을 대출해준다. 다시 말해 키바는 소액대출(마이크로 크레디트) 사업을 하는 소셜벤처 회사다. 그런데 키바는 다른 은행이나 투자증권과 달리 돈을 쌓아놓고 빌려주는 것이 아니라 돈이 필요한 사람과 사회적 투자 차원에서 그들에게 돈을 빌려주려는 사람들을 인터넷에서 직접 이어준다.

이것은 사이버 장터가 사려는 사람과 팔려는 사람이 서로 흥정하고 거래하도록 해주는 것과 같은 이치다. 투자자는 키바에 접속해 낯모르는 대출 희망자의 창업 아이디어와 열정을 살펴본 다음 신뢰가 가면 자신의 신용카드로 결제해 소액을 대출해준다. 말하자면 기존의 단순한 기부 행위를 넘어 '대출'이라는 개념을 도입했다는 점에서 새로운 방식의 등장인 셈이다.

결과적으로 여러 사람의 소액대출금이 한 명의 대출자에게 모여 적게는 몇 백 달러에서 많게는 몇 천 달러의 돈이 만들어진다. 이렇게 모인 돈은 키바와 파트너십 관계를 맺은 개도국 현지의 소액대출기관을 거쳐 대출자에게 전달된다.

제시카는 그라민 은행의 소액대출에서 힌트를 얻어 '미국에서 아프리카 사람을 도울 수는 없을까?'라는 생각으로 시작한 것이 현재의 키바라고 말한다.

창립 초기에는 많은 사람이 가난한 사람들을 위한 '대출'이라는 형식 자체에 의구심을 보였다. 그러나 제시카와 매트는 '어려운 이웃이 자립할 수 있도록 도와주어야 한다'는 신념 아래 지속적으로 사업을 추진했고 결국 전래가 없는 모델인 소액대출 사이트 키바를 창립했다.

키바가 인터넷을 활용해 창업을 원하는 빈민들의 사연을 사이트에 올리면 전 세계 네티즌은 빈민들의 비즈니스 아이디어와 가능성을 보고 투자를 결정한다.

이때 기부자(투자자)는 홈페이지에서 수혜자(대출 희망자)의 사연과 사진 등은 물론 자기가 '빌려준 돈을 어떻게 쓰는지'도 투명하게 볼 수 있다. 덕분에 아프리카 빈민들이 자기 사업을 해서 지속적으로 수입을 올리고 대출받은 돈을 상환하는 과정까지 지켜볼 수 있다.

말하자면 재정적 도움을 받은 수혜자는 자신이 자립해서 잘 살아가는 모습을 보여줌으로써 돈 이상의 가치를 후원자에게 돌려주는 셈이다. 이것이 여러 가지 면에서 매우 성공적인 방식이라는 점은 키바의 상환율이 98.9퍼센트라는 사실이 증명한다.

키바가 현재 조성한 대출금액은 20억 달러(2조 2,600억)가 넘으며 여기에서 돈을 빌린 수혜자는 약 69만 명에 이른다. 이들에게 도움을 준 투자자는 총 200여 국가에서 약 65만여 명이다. 키바와 파트너십을 맺고 있는 개도국 현지의 소액금융기관은 총 203개인데 대출금의 원금상환율이 99퍼센트에 육박한다. 이는 일반 금융기관 대출상환금을 훨씬 초과하는 결과다.

이 놀라운 수치와 통계가 가능한 이유는 무엇일까?

우선 기부자는 25달러 정도의 소액을 빌려줌으로써 돈을 돌려받는 것이 아니라 대출받은 사람이 자신의 삶을 개선해 나가는 '과정'에 주목한다. 그리고 수혜자는 돈이라는 재정적 지원을 비롯해 세계적인 커뮤니티의 정서적 지원을 함께 받기 때문에 상환 의지가 높고 이는 실제 대출금 상환으로 연결된다.

이것이 선순환을 일으켜 더 많은 투자자가 대출에 참여하도록 유도하고 다른 대출 신청자들을 위한 자금 마련이 용이해지는 순기능을 만들어내고 있다.

이 방식은 결국 대출이라는 수단을 통해 대출금이 상환되기까지 서로간의 지속적인 '대화'를 만들어내어 투자자들이 돈을 빌려간 대출자들의 일상에 자연스럽게 관심을 갖게 만드는 것이다. 예전에는 멀게만 느껴지던 이들의 이야기가 어느새 자기의 일상에 자리 잡게 되고 그들의 삶을 진심으로 응원하게 되는 것이다.

키바 소셜벤처에 포인트라면 기부자는 좋은 일을 위해 소액을 기부한 것이므로 꼭 상환을 받으려고 애쓰지 않는다는 점이다. 수혜자가 그 돈으로 잘되면 좋고 설령 돌려받지 못해도 어디까지나 기부한 것이므로 그것으로 족한 일이다. 키바를 통해 돈을 빌려 준 사람들은 '버린 셈 치고' 한 투자를 통해 보람을 경험하는 것이다. 수혜자 입장에서는 자기가 그 돈을 잘 운영해 원금도 내고 이자도 내는 것이다.

이처럼 제시카는 대출이라는 수단을 통해 전통적인 기부자와 수혜자, 혹은 가진 자와 가지지 못한 자라는 이분법적 사고를 해소하면서 일상에서의 관심뿐만 아니라 '우리'라는 동반자적 관계를 형성한 것이다. 새로운 기부 패러다임으로 개인의 경제적인 자립을 유도함으로서 이는 지역 사회 발전이라는 놀라운 결과까지 만들어낸 것이다.

결국 키바는 빌린 사람이나 빌려 준 사람이나 서로가 희망을 확인하는 희망의 통로이자 은행이 되었다. 키바는 돈을 다루지만 궁극적으로는 사람과 사람을 연결하는 커뮤니케이션의 도구가 된 것이다.

새로운 기부방식이 한사람의 삶을 넘어 사회적인 성장까지 만들어낼 수 있다는 것을 증명한 사례로서, 또 감동적이고 많은 사람들에게 희망과 용기를 주는 스토리가 되었다.

그런 점에서 키바는 한 개인의 삶을 넘어 사회적 성장까지 이뤄낼 수 있음을 증명한 사례이자 많은 사람에게 희망과 용기를 주는 스토리로 '기부의 기적'이라 불릴 만큼 패러다임 전환의 결정판이다.

▎무료 수술하며 돈도 버는 아라빈드 병원

이윤을 추구하면서도 저렴하게 혹은 무료로 의료 서비스를 제공하겠다는 아이디어는 과연 실현 가능할까? 아라빈드(Aravind) 안과병원은 누가 들어도 불가능하다고 여길 법한 것을 가능하게 만들었다.

이들은 외부 원조에 의존하지 않는 민간병원으로 60퍼센트의 환자에게 무료 수술을 해주면서도 40퍼센트가 넘는 이익률을 올리고 있다. 돈이 없어서 시력을 잃은 사람들에게 무료 수술을 해주고도 이윤을 남기고 있는 것이다.

인도에는 유독 시각장애인이 많다. 전 세계 시각장애 인구의 30퍼센트에 해당하는 약 1,200만 명이 시력을 잃은 채 살아가고 있다고 한다. 그런데 실명의 원인 중 80퍼센트는 간단한 수술만으로도 치료가 가능한 백내장이다.

이는 제때에 알맞은 치료만 받으면 '시각장애인'으로 살지 않아도 되는 사람들이 고가의 수술비를 마련하지 못해 장님이 되어간다는 것을 의미한다.

이러한 현실 앞에서 닥터 고빈다파 벤카다스와미(Dr. Govindappa Venkataswamy)는 '이들에게 빛을 돌려줄 방법이 없을까'를 고민했다. 인도의 공공병원에서 안과의사로 몇 십 년간 일한 닥터 브이(인도에서 닥터 고빈다파를 부르는 애칭)는 쉰여덟 살에 현직에서 은퇴한 뒤 의사들인 여동생 부부를 설득해 1976년 인도 마두라이 마을에 11개의 침상을 갖춘 병원을 개설했다.

침상 중 여섯 개는 비용을 지불하지 못하는 환자용이고 나머지 다섯 개는 수술비를 낼 수 있는 환자용이었다. 수술비를 낼 여력이 있는 환자들에게 받은 돈으로 가난한 환자까지 치료하겠다는 아라빈드 모델은 이렇게 시작되었다.

무료 수술을 위해서는 먼저 비용을 현격히 줄여야 했다. 이때 닥터 브이에게 영감을 준 것은 미국 여행 중에 관찰한 맥도날드였다. 맥도날드는 세계 어느 매장에서든 거의 동일한 맛의 햄버거를 저렴한 가격에 맛볼 수 있다. 닥터 브이는 햄버거를 어디서나 저렴한 가격에 사 먹을 수 있다면 '백내장 수술 역시 똑같이 하지 못할 이유가 없지 않은가?'라고 생각했다.

그는 즉시 맥도날드 식의 제조 및 운영 방법을 병원에 도입했다. 맥도날드의 시스템처럼 저렴한 비용으로 많은 사람에게 백내장 수술을 제공할 수 있는 시스템을 조직 내에 설계한 것이다.

가장 대표적인 사례가 표준화된 수술 절차다. 아라빈드 병원의 수술실에는 두 개의 수술용 침대가 놓여 있는데 한 쪽 침대에서 수술하는 동안 다른 쪽에서는 환자가 대기하고 있다.

수술이 끝나면 의사는 곧바로 대기하고 있던 환자를 수술하고 그동안 이전 침대에서는 다시 새로운 환자가 수술을 준비한다.

의료 기술, 인력, 공간 등을 최적으로 조합해 수술을 하는 시스템을 만든 셈이다.

또한 그는 원활한 인력 수급을 위해 아예 아라빈드 병원 내에 의료 전문가 양성 과정을 개설했다. 이와 함께 인건비 등 고정적으로 들어가는 비용을 효율적으로 활용하기 위해 전략적으로 병원을 인도 전역으로 키워 나갔다.

아라빈드 병원에서는 의사 한 명이 1년간 시행하는 백내장 수술이 평균 2,000건이다(참고로 인도의 다른 병원 의사는 300건, 미국 의사는 125건이다). 이들은 병원 설립 이후 지금까지 3,200만 명의 환자를 진료하고 400만 건이 넘는 수술을 실행했다.

2013년 현재 아라빈드는 파키스탄을 비롯한 세계 곳곳에서 일곱 개의 거점 병원을 중심으로 쉰 개의 케어센터를 운영하고 있고, 전 세계 30여 개국의 안과를 위탁 운영하거나 컨설팅을 하는 데도 힘을 쏟고 있다. 고작 열한 개의 병상으로 시작한 이 병원에서 현재 운영 중인 병상은 무려 3,600개가 넘고 하루 평균 외래환자가 6,000명이 넘는다.

재정적으로는 2009년 5월~2010년 4월 동안에만 미화 2,900만 달러의 매출에, 1,300만 달러의 경상이익(이익률 45퍼센트)을 남겼다. 더구나 이것은 '돈이 있는 환자는 유료, 돈이 없는 환자는 무료'라는 설립 이념에 충실하면서 올린 매출이다. 경이적인 경영성과이다. 더 흥미로운 사실은 이들이 이익을 다시 아라빈드 모델을 확장하는 데 재투자한다는 점이다.

그러면 개업 후 30년 동안 아라빈드 병원이 '세계 최대의 안과'로 성장한 비결은 무엇일까?

애초에 공짜 수술만으로 병원을 운영하는 것은 무리였다. 그래서 이들은 비영리기업이 아닌 영리기업 구조를 채택했다. 이를 위해 닥터 브이는 1층을 유료병원으로 활용했고 이곳에서 나오는 수익을 발판으로 다섯 개 층에서는 무료 수술을 진행했다. 아이러니하게도 많은 사람을 무료로 치료하기 위해 비영리가 아닌 영리 형태를 선택한 것이다.

아라빈드 병원의 풍경은 다른 병원과는 상당히 다르다. 돈을 받는 수술보다 받지 않는 수술이 더 많다 보니 무엇보다 수술비를 낮추는 것이 관건이었고, 닥터 브이는 가장 먼저 가격표를 찢어버렸다. 따라서 환자들은 치료비를 지불할지 하지 않을지를 스스로 결정할 수 있다.

무료진료든 유료진료든 환자가 알아서 결정하게 하자 환자 중 대략 47퍼센트는 무료로, 18퍼센트는 원가 이하로, 나머지 35퍼센트는 값을 제대로 치렀고 이 돈으로 병원을 꾸려갔다.

혹시 환자가 알아서 진료비를 결정하게 하면 '모두가 공짜 진료를 받겠다고 하지는 않을까?' 하겠지만 실제로는 많은 사람이 유료진료를 선택하며 병원은 해마다 꾸준히 45퍼센트 정도의 영업이익률을 올리고 있다.

구체적으로 부자와 가난한 자에게 '이원적 가격정책'을 실시하는 이 같은 시스템은 어떻게 가능한 것일까?

첫째, 기술혁신으로 최상의 서비스를 제공한다.

세계 최고 수준의 의료 서비스를 제공함으로써 부자들이 아라빈드 안과를 찾아오도록 만드는 것이 핵심이다. 실제로 닥터 브이는 병원의 모든 수익을 시설 확충에 썼고 보다 '값싸고 품질 좋은' 기술을 개발하는 데 투자를 아끼지 않았다. 이 운영지침은 2006년 닥터 브이가 사망한 후에도 지키고 있다.

둘째, 표준화 · 전문화한다.

일반적인 병원의 수술실에는 침상이 보통 한두 개 놓여 있다. 그런데 아라빈드 병원의 수술실에는 여러 대의 침상이 나란히 놓여 있다. 이들은 마치 '컨베이어 벨트가 돌아가듯' 의사들이 의자를 돌려가며 환자를 연이어 수술하기 때문이다. 이곳의 집도의는 환자 한 명을 수술한 뒤 곧바로 의자를 돌려 옆 수술대에 대기 중인 환자를 수술한다.

아라빈드 병원은 수술뿐 아니라 진료 과정 전체가 일종의 분업 시스템으로 되어 있다. 최종 진단을 제외한 단순한 의료 검사에는 임금이 낮은 인력을 배치하고, 고급인력인 집도의는 낭

비하는 시간 없이 수술을 하도록 환자들을 대기시켰다가 곧바로 투입하는 시스템이다.

이러한 '대량 수술 시스템'을 통해 아라빈드는 여러 가지 효과를 얻고 있다. 우선 의사 한 명이 하루에 치료하는 환자가 대폭 늘어났다. 여기에다 분업 시스템을 통해 초기 의료 검사를 위한 인건비를 낮추고 병상 같은 재료를 가장 싼 가격에 해결해 비용 절감 효과를 극대화하고 있다.

1976년 닥터 브이가 처음 이 병원의 사업모델을 구상할 때는 은행마다 '이 사업모델은 성공할 수 없다'며 대출을 거부했다고 한다. 하지만 닥터 브이는 누구도 생각지 못한 방식으로 환자가 지불해야 할 '병원비'에서 거품을 덜어냈다. 그러면서도 의료 서비스의 품질은 전혀 양보하지 않았다.

결국 그는 '돈이 없는 환자에게는 무료'라는 공익성 있는 설립 이념을 멋지게 성공시켰고, 많은 사람들을 '공짜로 치료'하지만 '영리를 추구'하는 서로 양립할 수 없을 것 같은 이율배반적인 목표를 '비영리'가 아닌 '영리기업'의 형태를 구축함으로서 증명해보였다. 이는 어떻게 디자인하느냐에 따라 달라지는 소셜벤처의 폭발성을 생생히 증명한 사례다.

Chapter 03

당신의 **플랜 B**는 준비했는가

코닥(Kodak)은 일부 전문가의 전유물이던 필름 카메라를 대중에게 최초로 보급한 회사이자 디지털카메라(디카)를 처음 만든 역사적인 회사다.

1975년 코닥의 한 엔지니어가 디지털카메라를 개발했다. 그런데 필름이 일반적이던 당시 코닥의 경영진은 '해오던 일이나 잘하자'는 결정을 내렸다. 안타깝게도 혁신을 외면한 대가는 벼랑 끝이었다. 시장의 변화를 무시한 코닥은 2012년 법정 파산 신청을 함으로써 역사 속으로 사라지고 말았다.

코닥은 디카를 가장 먼저 개발하고도 주력이던 필름 사업을 고집했다. 다시 말해 시장 트렌드에 대비하고도 필름에 대한 미련을 버리지 못해 시장의 흐름을 놓쳐버렸다. 결국 2009년 필름에 대한 미련을 버렸지만 이미 때는 늦었고 132년 역사를 자랑하던 코닥은 문을 닫았다. 변화보다는 안정을 택한 결과였다.

시장의 흐름에 대응하는 변화를 택하기보다 기존의 생각이나 행동을 고수하는 이유는 그것이 더 안전하다고 생각하기 때문이다. 그러나 안정을 추구하느라 도전을 포기하면 새로움이 주는 즐거움을 얻지 못하고, 똑같이 안정을 추구하는 사람들과 치열하게 경쟁하다보면 그 안정마저 빼앗기고 만다.

안주는 서서히 죽어가는 길이며 "리스크를 피하기만 하는 것이 가장 큰 리스크다"라는 격언은 옳다. 안정을 보장받으려는 생각이 안정을 위협하는 가장 큰 위험인 것이다.

코닥의 사례는 생존이 불확실한 환경에서 살아남기 위해서는 개인이든 기업이든 치열한 선택과 집중을 통해 변신을 꾀해야 한다는 교훈을 준다.

반면 코닥의 경쟁사이자 세계 3대 필름업체이던 후지필름은 위기의 순간을 오히려 기회로 삼아 성장했다. 코닥은 디카를 먼저 개발하고도 주력인 필름에 집착하다 결국 파산의 길로 갔지만, 후지는 필름을 만드는 기술을 응용해 노화 억제 화장품을 만들면서 새 분야를 개척했다.

80년 남짓 필름을 만들어온 그들은 필름의 주성분인 '콜라겐'과 필름의 산화를 억제하는 항산화성분 '아스타잔틴'에 주목함으로서 돌파구를 만들었다.

오랫동안 쌓아온 기술을 응용한 화장품 브랜드 '아스타리프트'를 만들어 필름보다 더 많은 이익을 기록하고 있다.

영리하게도 후지필름은 '자사의 기술 중 필요한 성분을 균형 있게 배합해(Formulation) 필요한 곳(Targeting)에 필요한 형태로 제공(Delivery)하는' FTD 원칙에 충실함으로써 핵심 역량에 힘을 집중했고, 자신이 잘할 수 있는 사업을 찾아 변신한 덕분에 위기 속에서 살아남은 것이다.

코닥이 핵심사업인 필름 분야에만 집착해 디지털화 된 시장 흐름에 발맞추지 못하고 무너진 반면 후지필름은 핵심역량인 필름 만드는 기술에서 혁신의 돌파구를 찾았던 것이다.

이러한 사실에서 보듯 무조건적인 집중보다 핵심 역량을 찾는 것이 더 중요하다. 한 우물을 파더라도 핵심 사업이 아닌 핵심 역량에 집중해야 살아남는다는 얘기다. 이는 개인의 경우도 마찬가지다.

▌제대로 준비된 플랜 B에 올라타라

삶은 종종 예측 불가능한 돌발 사태를 만들어 우리가 나아가는 길을 방해한다. 사실 상황이 자기 마음대로, 자기 예측대로 흘러가는 경우는 별로 없다. 플랜 A, 즉 계획한 대로 일이 착착

굴러가면 더할 나위 없이 좋겠지만 현실은 그렇지 않다. 설령 일이 잘 풀려가도 그런 경험이 오래도록 기억에 남지는 않는다.

흔히 인생은 B(Birth)와 D(Death) 사이의 C(Choice)라고 하는데, 그중 많은 부분을 차지하는 것이 이전의 선택을 수정 및 보완하는 일이 아닐까 싶다. 아무튼 인생은 예측할 수 없으므로 플랜 B를 준비하는 것이 현명한 처사다.

아무리 멋진 목표, 철저한 계획이 있어도 우리는 이따금 예상치 못한 사태에 직면한다. 타인이 항상 내 마음처럼 움직여주는 것은 아니며 상황 역시 내 뜻대로 흘러가는 것은 아니다.

사람들은 보통 '어떻게든 되겠지' 하고 안일하게 생각하다가 예상치 못한 일에 부딪쳐 좌절한다. 반면 성공하는 사람은 어떤 일을 하든 돌발 사태를 예상해 미리 대비책을 세워둔다.

예를 들어 컴퓨터를 사용할 때 사람들은 예상치 못한 문제가 발생해 데이터를 잃는 사태를 방지하기 위해 백업(Back-up) 시스템을 마련한다. 같은 논리로 자신의 결심을 실천하는 과정에도 이처럼 돌발적으로 발생하는 사태에 대한 대비책이 필요한데, 이를 백업 플랜(Back-up Plan) 또는 플랜 B라고 한다.

다음은 작가이자 성공적인 미국의 네트워크 마케팅 사업자인 마크 야넬(Mark Yarnell)이 〈석세스〉에 기고한 '제대로 된 플랜 B에 올라타라'라는 제목의 글이다.

학교도, 그 어디에서도 학생들에게 플랜 B 얘기를 해주는 사람은 한 명도 없습니다. 누군가가 제게 얘기해주었다면 좋았을 텐데 말입니다. 잘 들어보십시오.

우리는 모두 일을 하며 살아갑니다. 제 말은 모두가 성장해서 일벌처럼 일한다는 것입니다. 그리고 세상에 단 하나의 플랜만 있다고 생각합니다. 저는 그 하나의 플랜을 플랜 A라고 부르겠습니다. 플랜 A는 40년 플랜입니다.

교육기간이 끝나고 사회에 나오면 사람들은 보통 어떤 일을 할 것인지 결정한 후 예순다섯 살까지 일할 계획을 세웁니다. 그러는 동안 우리는 인생의 황금기에 쓰기 위해 저축을 합니다. 나쁜 소식은 인생에 황금기란 없다는 것입니다.

저는 이것을 수많은 아버지, 어머니가 나이 들어 돌아가시는 것을 보고 알아챘습니다. 노인을 위한 시설에서 시간 때우기 게임을 하고 턱밑으로 죽을 흘리며 보내는 시간을 황금기라고 생각한다면 계속해서 플랜 A에 머물러 계십시오.

유감스럽게도 우리의 부모세대는 플랜 B가 있다는 사실을 전혀 몰랐습니다. 아무도 플랜 B에 대해 알려주지 않았고 그것을 당연시했지요. 제게도 이것을 알려주는 사람은 아무도 없었습니다.

플랜 A는 '직계 자본주의'라고 불립니다. 즉, 40년간 시간과 돈을 맞바꾸는 것입니다. 반면 플랜 B는 '레버리지된 자본주의'라고 불리는데 4년이면 끝납니다. 젊은 시절에 돈을 많이 벌어서 그 돈으로 삶을 즐길 수 있도록 말입니다.

알고 있을지도 모르지만 예순다섯 살이 되었을 때 부자라고 할 수 있는 사람은 단 1퍼센트밖에 되지 않습니다. 20대 후반에 취업한 뒤 40년이 지났을 때 100명 중 31명은 사망하고 68명은 망한 상태이며 단 한 명만 부자인 셈입니다. 이것이 플랜 A입니다. 그래서 저는 서른여섯 살에 플랜 B에 올라타 마흔 살이 되었을 때 부자로 은퇴했습니다.

제가 플랜 B를 친지들에게 설명하자 유감스럽게도 그들은 저와의 관계를 끊어버렸습니다. 또 친구들에게 플랜 B를 알려주었을 때 모두들 저를 비웃었습니다. 제게는 분명하게 보이는 플랜 B를 저처럼 보는 사람은 없었습니다. 아니, 진지하게 이해하는 사람이 없었습니다.

저는 상식적으로 이해가 가지 않았습니다. 저는 그들을 구하려 했으나 안타깝게도 그들은 전혀 들으려고 하지 않았습니다. 4년이면 은퇴할 수 있는 플랜 B가 있다면 모두 올라타야 하는 것 아닌가요?

사람들이 왜 플랜 A에만 머물러 있는지 저는 알 수가 없습니다. 제가 한 달에 5만 달러를 벌 때도 사람들은 제 말을 들으려 하지 않았습니다. 제가 진심으로 여러분에게 들려주고 싶은 말은 "플랜 B가 있다"는 것입니다.

40년간 다람쥐가 쳇바퀴를 돌 듯 같은 자리에서 맴도는 플랜 A에서 탈출할 수 있습니다. 여러분은 플랜 B를 통해 4년이면 부자로 은퇴할 수 있습니다. 여러분은 99퍼센트의 수벌처럼 살지 않아도 됩니다. 1퍼센트 안에 드는 것은 어렵지만 할 수 있습니다. 플랜 B가 여러분을 기다리고 있습니다.

플랜 B의 승자들을 만나 그들과 함께하십시오. 4년간은 아주 힘들겠지만 제가 하고 싶은 말은 '4년간 멋지게 싸우라'는 것이 전부입니다. 저는 그렇게 했습니다. 제 황금기는 서른아홉 살에 시작되었습니다. 제 삶이 멋지지 않습니까!

삶에서든 사업에서든 예상치 못한 돌발 상황을 고려하는 것은 매우 중요한 자세다. 가령 성공한 임원들은 자신의 생각이 CEO에게 원안 그대로 100퍼센트 받아들여질 것이라고 생각하지 않는다. 따라서 한 번에 받아들여지지 않을 경우를 대비해 제3, 제4의 안을 마련한다.

또한 훌륭한 지도자는 항상 전쟁, 분쟁, 유가변동, 자연재해 등의 우발적인 사태에 대비한 방안을 마련해둔다. 어떤 분야에서든 설득의 달인은 언제나 'No!' 라는 대답을 예상하고 대비책을 마련한 다음 접근을 시도한다. 제1안, 즉 플랜 A가 받아들여지지 않을 것을 대비해 제2안으로 플랜 B를 마련하고 그것마저 거부당할 경우를 대비해 제3안인 플랜 C를 마련하는 것이다.

성공한 사람들은 자신의 의견이 한 번에 받아들여질 것이라고 기대하지도, 상상하지도 않지만 실패자들은 플랜 B는커녕 자신의 제안이 받아들여지지 않을 경우를 예측조차 하지 못한다. 이들은 거절을 당하면 금세 포기하고 좌절감에 빠지거나 '열 번 찍어 넘어가지 않는 나무 없다'는 식으로 돈키호테처럼 무모하게 들이대다 장렬하게 전사한다.

목표 달성 과정에서 중도에 포기하거나 무모한 도전으로 처참하게 실패한 경우가 많다면 평소에 돌발 사태를 예상해보고 그에 대한 대비책을 마련하는 연습을 해야 한다. 그것도 구체적으로 말이다.

▌ **핵심에** 집중한 **덕분에** 1등이 **가능했다**

지금처럼 급변하는 시대에는 '미래를 예측할 수 있는 방법'을 찾느라 고심하기보다 미래를 계획하는 것이 낫다. 사실 미래를 예측할 수 있는 방법이 있기나 한 것인지 의문스럽지 않은가. 지나간 시간, 즉 과거는 바꿀 수 없지만 현재와 미래는 스스로 컨트롤할 수 있다. 이것은 자기 자신만 가능하다. 자신의 미래를 통제할 수 있는 사람은 오직 자신뿐이기 때문이다.

그러면 미래를 어떻게 설계하고 계획해야 할까? 먼저 과거를 돌아보고 현재를 분석한 뒤 미래를 계획하는 것이 바람직하다. 과거를 돌아볼 때는 과거의 영광과 영화에 지나치게 집착하지 않도록 주의해야 한다.

유명 대기업에서 디자인 전문가로 일하던 A는 서른여덟 살 때 회사를 그만두고 카페 사업에 뛰어들었다. 물론 그는 미래를 계획하긴 했지만 그 계획과 달리 회사를 갑자기 그만둔 경우였다.

그가 회사를 그만두던 시점에 나는 그와 이런저런 얘기를 나누었다. 대화는 자연스러웠지만 어딘지 모르게 겉돈다는 느낌이 들었다. 그래서 나는 단도직입적으로 물었다.

"네가 잘하는 것, 잘할 수 있는 게 대체 뭐야?"

"사실 그걸 잘 모르겠어."

어이없게도 디자인을 전공하고 유명 대기업에서 디자인과 관련된 일을 10년 넘게 했는데 잘하는 것, 잘할 수 있는 것이 무언지 모르겠다는 대답이 돌아온 것이다. 이후에도 대화는 계속 겉돌았고 그는 헤어지기 전에 충격적인 말을 남겼다.

"한 번도 나 자신에게 잘하는 것, 잘할 수 있는 것이 무엇인지 질문해본 적이 없어. 열심히 살긴 했는데 말이야. 그런 질문을 해볼 여유도 없이 여기까지 온 거야. 그래서 대화를 하면서도 그 질문에 대한 답을 생각하느라 집중하기가 힘들었어."

그가 자신을 잘 아는 상태에서 미래를 계획한다면 자신이 원하는 것에 더 쉽고 선명하게 다가갈 수 있지 않을까? 그러면 그의 계획이 더 쉽게 풀려가지 않을까? 본질적인 것, 더 잘할 수 있는 것, 더 좋아하는 것에 집중할 수 있지 않을까? 다행히 A는 지금 자신이 좋아하는 일을 하며 보람을 느끼고 있다.

설령 늦었다는 생각이 들지라도 주저앉기보다는 시도하는 게 낫다. 예를 들면 구글은 검색엔진에 늦었고 페이스북은 소셜에 늦었으며 애플은 스마트폰 시장에서 후발주자였다. 그렇지만 그들은 현재 그 분야의 강자로서 시장을 주름잡고 있다.

대체 어찌된 일일까? 그것은 그들이 본질, 즉 핵심에 집중해 전력 질주했기 때문이다. 또한 그들은 잘할 수 있는 것, 좋아하는 것에 집중해 1등의 자리를 거머쥐었다.

코닥의 예를 봐도 빠르다고 반드시 이기는 것은 아니다. 그러므로 어떤 경우에도 포기하고 멈춰 있으면 안 된다. 분야별로 기준은 다르겠지만 늦었다고 포기하거나 멈추지 말고 좀 더 크고 빠른 전진을 위해 잠시 '생각'을 정리해볼 필요가 있다.

자신이 무엇에 경쟁력이 있고 무엇을 할 때 행복한지, 나아가 10년 혹은 20년 후에 어떤 일을 하면 행복할지 생각해봐야 하는 것이다. 미래를 위한 플랜 B를 준비할 때는 다음의 몇 단계를 거쳐야 한다.

1단계 : 마음을 열고 준비하기

플랜 B를 계획하는 것은 단기적으로는 힘들지라도 장기적으로는 자신에게 큰 도움을 준다. 일단 선택 가능한 대안을 찾고 변화를 위한 결심을 한 뒤 늦었다고 서두르지도 말고, 쉬지도 않아야 한다. 꾸준한 계획과 준비, 노력이 있어야 플랜 B에서 진정 성공할 수 있다.

2단계 : 원하는 결과 시각화하기

변화하기로 결심했다면 대안 및 아이디어의 실현 가능성을 평가한다. 이것은 일종의 리허설로 주변의 소중한 사람들(가족, 친구, 지인 등)에게 대안과 아이디어를 평가받는 과정이다. 물론 대안 모색과 아이디어 평가를 위한 일반적인 도구가 있는 것은 아니다. 그러나 다음과 같은 질문에 대한 답을 찾다 보면 변화를 통해 얻게 될 긍정적인 결과를 확실히 그릴 수 있다.

"내가 생각하는 변화를 통해 얻고자 하는 결과가 무엇인가? 어떤 것이 성공한 모습인가?"

3단계 : 개괄적인 계획 수립

여러 가지 선택 중에서 범위를 좁혀 계획을 수립하는 단계다. 플랜 B를 준비하는 것은 인생에서 가장 중대한 변화다. 특히 커리어와 관련해 중요한 변화가 일어나는 시기에는 로드맵(Road

Map)이 큰 도움을 준다. 이 단계에서 가장 중요한 것은 목표를 적는 일이다. 이때 각 선택안의 개괄적인 계획 목표, 최종적인 종착지 등을 명확히 기술한다.

4단계 : 계획을 다듬고 진행하기

플랜 B를 수행할 때 반드시 예측한 대로 결과가 나오는 것은 아니다. 실제로 실행하는 과정에서 어떤 일이 일어날지 예측하기란 사실상 불가능하다. 이 단계에서 가장 중요한 것은 계획을 진행하는 데 필요한 시간을 설정하고 진행 과정을 단계별로 세분화하며 각 단계에서 취할 행동을 설정한 뒤 계획을 진행하는 일이다. 이때 계획의 각 단계를 언제까지 완성할지 특정한 날짜를 지정해두는 것이 좋다.

5단계 : 진행사항 점검하기

어떤 일을 진행하든 체크리스트를 만들어 점검한다. 특히 플랜 B는 인생을 설계하는 것이므로 그 중요성은 몇 번을 강조해도 지나치지 않다. 따라서 정기적으로 시간을 할애해 계획이 목표로 하는 방향대로 잘 나아가고 있는지 수시로 점검해야 한다.

누구나 열심히 살고 최선을 다해 일하고 앞을 향해 달려가려고 한다. 그렇기 때문에 이 책을 읽고 있는 당신은 충분히 가치

있으며 더욱 빛나는 삶을 살아야 한다. 물론 조금 늦었다는 생각이 들 수도 있겠지만 한 번도 전진을 멈춘 적이 없다면 더욱 그렇다.

그러나 이런 얘기는 위로의 말이 될 수 있을지언정 현실적인 타개책이 될 수는 없다. 왜냐하면 무작정 시간이 흐른다고 미래가 잘되는 것은 아니기 때문이다. 그렇다!! 플랜 B에 늦지 않기 위해라도 앞에서 제시한 단계를 통해 플랜 B를 잘 준비하고 계획하기를 바란다. 시간은? 빠를수록 좋다.

복습을 해보자. 플랜 B는 철저한 계획으로부터 출발해야 한다. 그래도 일이 계획대로 진행되지 않는 경우가 더 많을 것이다. 본래 플랜 B는 준비하고 실행하는 과정에서 끊임없이 계획을 수정하며 나아가야 한다.

어쩌면 '뭘 그리 힘들게 계획을 세우고 여러 단계를 거치느냐, 그때그때 즉흥적으로 문제에 대응하면 되지 않느냐' 하고 묻고 싶을지도 모른다. 한 치 앞을 예측할 수 없는데 무슨 계획을 세우느냐고 물을 수도 있다. 그렇지만 예측할 수 없으니까 계획을 세우는 것이다.

우리가 플랜 B를 계획하는 이유는 본래 우리 삶이 어느 방향으로 나아가야 하는가를 스스로 깨닫기 위해서다. 인생 여행에서 계획을 바꾸거나 방향을 정할 수 있는 유일한 존재는 상황 및 주변 환경이 아니라 결국 자기 자신이기 때문이다.

▌**직업 대신** '**사업**'**이라는 말만** 남는다

세계적인 미래학자 해리 덴트(Harry S. Dent)는 자신의 저서 《직업혁명(Job Shock)》에서 21세기에는 완전히 새로운 형태의 직업 개념이 필요하다고 역설하고 있다.

예컨대 1차 산업혁명은 많은 사람이 새로운 직업을 얻는 계기가 되었다. 헨리 포드로 대표되는 대량생산 시대는 제2의 산업혁명에 비견할 만하지만 안타깝게도 여기에는 긍정과 부정이라는 양면성이 있다. 업무 자체의 혁명으로 놀라운 생산성 향상이 일어난 반면 수많은 공장 근로자가 자동화 물결의 희생양이 되어 일자리를 잃는 불행을 야기한 것이다.

오늘날에는 컴퓨터가 대부분의 업무를 대체하면서 근로자가 불필요해진다는 사실이 하나의 충격으로 받아들여지고 있다. 실제로 더 이상 고급 노동력을 필요로 하지 않는 회사가 늘고 있고 저급 노동자 역시 일자리를 잃는 현실이 고용의 근본적인 문제다. 해리 덴트는 《직업혁명》에서 변화를 두려워할 것이 아니라 적극 수용할 필요가 있다고 역설했다.

그러면 새로운 시대의 일자리는 어떤 모습일까?

그는 '직업'이라는 말은 사라지고 오직 '사업'이라는 말만 존재할 거라고 예측한다. 사람들이 직업이 아니라 고객을 갖는다는 얘기다. 물론 그들은 성과를 올려야 하며 금전적 보상은 그들의 업무가 만들어내는 결과로 이뤄진다. 사실 우리는 이미 이것을 목도하고 있다.

미래의 직업세계는 평생직장의 개념이 사라지고 고령화의 진전과 함께 개인의 경제활동 수명이 늘어나는 것에 영향을 받을 전망이다. 이런 상황에서는 각 개인이 하고 싶을 때까지 일할 능력을 계발하고 경력을 관리해야 한다.

여기에 더해 혁신적이고 창의적인 부가가치를 창출해 기업의 경쟁우위를 유지 및 높여줄 지식근로자로 거듭나야 한다. 지금도 그렇지만 미래의 직업세계는 일자리를 두고 세계 각국의 구직자들과 경쟁하는 '일자리 경쟁의 범세계화'가 더욱 심화될 것이다.

이세돌 9단과 인공지능 알파고 간의 대결이 주목을 받은 이유 중 하나는 '인공지능이 어디까지 진화했는가'에 대한 궁금증 때문이다. 다른 한편으로는 판단과 지식이 필요한 영역에 인공지능이 들어올 경우 어떤 변화가 찾아올지, 즉 미래의 인간사회가 어떻게 바뀔지를 놓고 기대감과 불안감이 교차하고 있다.

과연 빠른 속도로 발전을 거듭하는 인공지능은 산업 분야에서 어느 영역까지 확장될까? 미래학자들은 인공지능이 급속히 발전하면 두 가지 방식으로 노동시장을 교란시킬 것으로 예측한다. 첫째, 자동화 기술이 인간을 대체하면서 일자리가 점차 줄어든다. 둘째, 기술 발전으로 기업들의 경영 방식이 변화하면서 일자리 자체를 비롯해 관련 기술까지 쓸모없게 되는 일이 빈번해진다. 결국 많은 부분을 인공지능이 담당한다.

이미 컴퓨터는 인간을 대신해 단순한 사무작업을 신속히 해내고 있고, 인공지능이 더 진화하면 인간의 일을 아예 기계에게 빼앗길지도 모른다는 두려움은 당연한 귀결이다.

2013년 영국 옥스퍼드 대학 연구진은 '향후 10~20년 안에 사라질 직업과 남는 직업 리스트'라는 보고서를 발표했다. 이 보고서는 702개의 직업을 손재주, 예술적인 능력, 교섭력, 설득력 등 아홉 개 특성으로 분류하고 향후 10년 내에 사라질지 아닐지 예상한 뒤 그 확률 순서대로 순위를 매겼다.

이에 따르면 사무직, 생산직을 가릴 것 없이 미국 전체 직업의 47퍼센트가 대대적으로 자동화될 가능성이 높다. 특히 은행의 창구 담당자, 부동산 등기 대행, 보험 대리점, 증권회사의 일반 사무, 세무신고 대행자 등 금융·재무·세무 쪽의 일이 영향을 많이 받는 것으로 나타났다.

광고나 이미지 진단, 방범 및 감시 등의 영역은 인공지능이 빠르게 대체하고 회계와 법률 같은 업무에는 단기적(5년 이내)으로 빅 데이터와 인공지능이 급속히 파고들 것으로 예상했다. 또한 스포츠 심판이나 물건의 수·발주 업무, 공장 기계의 오퍼레이터 같은 직업도 사라질 확률이 높다.

반면 소멸 확률이 낮은 쪽은 의사, 치과의사, 재활훈련 전문직, 사회복지사, 카운슬러 등의 직업이었다. 아울러 사람을 직접 상대하는 커뮤니케이션 관련 직업은 당장 기계로 바뀌기 어려울 것이라는 예측도 덧붙였다.

　인공지능이 발달하면 사람을 직접 상대해 그늘의 문제를 해결하고 가치를 창조하며 고객을 즐겁게 해주는 일만 살아남는다는 얘기다. 덕목의 측면에서 보면 미래의 직업세계는 쉽게 정의하거나 예측하기 어려운 직업 환경 변화에 유연하게 대처할 수 있는 카멜레온형 인재를 필요로 한다.

　즉, 미래의 직업세계에서는 취업 준비부터 은퇴까지의 경력을 체계적으로 적극 계획 및 관리해 어떤 환경에도 적응하기 위한 자세를 갖추는 것이 더욱 중요해진다. 특히 개인의 경제활동 수명이 늘어나면서 자신의 평생고용 가능성을 높이려는 노력이 절실해진다.

　해리 덴트는 이미 오래전에 《직업혁명》에서 새로운 사업을 위한 조직의 원리를 다음과 같이 말한 바 있다.

　"바다 속에는 전혀 다른 두 종류의 생물체가 있다. 하나는 엄청나게 큰 고래이고 다른 하나는 고래와 같은 크기로 뭉쳐서 다니는 피라미 떼다. 이 두 물체가 다가오는 유조선을 피하기 위해 갑자기 진로를 바꿔야 한다고 생각해보자. 아마 고래는 타원형을 그리며 진로를 바꿀 것이다. 여기에는 시간이 꽤 걸린다. 반면 피라미 떼는 순식간에 진로를 바꿀 수 있다. 각각의 피라미가 마치 하나의 신경조직으로 연결된 것처럼 혹은 리더의 메시지에 일사불란하게 따르는 것처럼 말이다."

위의 지적처럼 미래에는 피라미처럼 작은 단위의 사업체가 네트워크를 구성해 탄력적으로 활동할 전망이다. 이때 중요한 것은 크기가 아니며 순간적으로 방향을 전환하고 똑같은 크기로 뭉칠 수 있는가 하는 점이다. 해리 덴트가 말하고자 하는 것은 바로 '작은 기업' 혹은 '1인 기업' 조직이다.

그렇다고 그가 어떤 사업이라고 콕 집어 말한 것은 아니지만 결국 미래에는 소셜벤처 내지는 MGM, 네트워크 마케팅 같은 사업이 직업을 대신하리라는 것이 그의 예측이다. 그는 자신의 책에서 결론적으로 다음과 같이 강조했다.

"혹시 당신이 하는 일이 컴퓨터가 할 수 있는 것이라면 컴퓨터가 할 수 없는 일, 즉 하이테크(High-Tech) 분야에서 하이터치(High-Touch) 분야로 피신하라. 그것도 즉시 하라."

이것은 좌뇌가 아니라 우뇌가 할 수 있는 창의적이고 인간적인 일, 아울러 휴머니즘에 기반을 둔 일을 하라는 경고다. 그의 경고는 이 책의 주제인 소셜벤처 사업과 정확히 일치한다. 그것이 진정한 의미의 인간적인 사업이자 커뮤니케이션(대화) 비즈니스이기 때문이다. 나아가 모든 사람을 하나의 그룹으로 보아야 성공할 수 있는 21세기의 최첨단 사업이다.

▌불확실해도 생존 가능성에 승부를 걸어라

1988년 7월 6일 칠흑같이 어두운 밤 열 시경. 스코틀랜드 연안의 유전지역에 정박 중인 유전 굴착선 '파이프 알파'에서 거대한 폭발음이 들렸다. 폭발과 함께 유조선은 불길에 휩싸였고 당시 가장 큰 석유시추선으로 알려져 있던 이 굴착선은 불행히도 거의 무제한으로 연료를 공급할 수 있는 최적의 조건을 갖추고 있었다.

한마디로 해상에 자리 잡은 이 유전 굴착선은 언제 터질지 모르는 시한폭탄 같은 장비였다. 그런데 바로 그 시한폭탄이 터지고 만 것이다. 엄청난 불기둥이 바다에서 하늘로 높이 솟아올랐고 구조선이 도착했지만 뜨거운 열과 불기둥 때문에 접근이 불가능했다.

이런 비상시를 대비한 해상 안전 지침이나 훈련 매뉴얼에는 헬기의 구조를 기다리라고 되어 있었다. 육지에서 유전 굴착선까지는 주로 헬기를 이용해 이동했기에 이 지침은 언뜻 옳은 듯

했다. 그러나 화재로 인한 뜨거운 열기와 불꽃 때문에 헬기는 도저히 착륙할 수 없었다.

열이 어찌나 강한지 굴착선의 모든 것이 마치 버터처럼 녹아내렸고 첫 폭발 후 20분이 지나자 굴착선의 주요 가스 파이프가 떨어져 나갔다. 계속되는 폭발로 파이프 알파는 대부분 파손되었다.

그처럼 절박한 상황에서 굴착선에 있던 사람들은 그동안 훈련받은 내용이 무엇이든 관계없이 마지막 선택을 하지 않으면 안 되었다. 선택은 두 가지 중 하나였다. 안전수칙대로 헬기를 기다리거나 아니면 갑판에서 45미터 아래에 있는 불타는 바다로 뛰어드는 것이었다.

그 긴급한 상황에서의 선택은 생사를 갈랐다. 바다로 뛰어드는 것은 거의 자살행위나 다름없었지만 일부는 굴착선에서 불에 타 죽느니 바다로 뛰어드는 것이 낫다고 판단했다. 그래도 그들 중에는 생존자가 있었으나 헬기 구조를 기다리던 사람들은 모두 불속에서 숨졌다.

당시 안전수칙을 무시하고 45미터 아래의 불타는 바다로 뛰어내리는 것은 거의 죽음을 선택한 것이나 마찬가지였다. 용기를 내 바닷물 속으로 뛰어들어도 위험하기는 마찬가지였다. 기름이 뒤섞인 불덩어리 파편이 그들을 향해 계속 떨어졌기 때문이다.

더 절박한 것은 언제 커다란 폭발이 일어날지 모르는 불타는 바다에서는 그 어떤 구조 활동도 위험천만한 일이었다는 점이다. 실례로 구명정 한 대가 누군가를 구한 순간 큰 폭발음이 들렸고 그 폭발로 근처에 있던 모든 사람이 죽었다.

구조대원들의 영웅적인 용맹성도 소용이 없는 상황이었던 것이다. 상황이 종료된 후 밝혀진 바로는 당시 파이프 알파 폭발 사고로 무려 167명이 목숨을 잃었고 이것은 역사상 최악의 해상화재로 기록되었다.

생존자 밥 밸런타인은 선상에서 헬기를 기다리다 불에 타 죽느니 차라리 바다에 뛰어들어 어찌해보겠다고 결심한 사람들 가운데 한 명이었다. 그는 파도와 불덩어리가 뒤범벅인 바다 속으로 뛰어들었고 생사를 오가는 사투 끝에 자정 무렵 마침내 극적으로 구조되었다.

그는 생사의 기로에 서 있던 그 짧은 순간 선상에 남는 것은 죽음 외에 다른 가능성이 없다고 생각했다. 생존할 가능성은 오직 현재의 상황에서 빠져 나가는 방법밖에 없다고 판단한 것이다. 물론 지옥 불처럼 이글거리는 불바다로 뛰어드는 것 역시 살아날 가능성은 희박해 보였다.

그는 그 절체절명의 순간 '확실히 죽는 것' 보다 '불확실하지만 생존 가능성'에 모든 것을 걸었다. 그 판단대로 그는 과감히 불타는 바다로 뛰어들었고 결국 살아남았다.

밥 밸런타인의 극적인 생환은 우리에게 생생한 교훈을 전해준다. 절체절명의 긴급한 상황에 처했을 때는 기존의 상식이나 통념을 뛰어넘어 위험하지만 새로운 가능성을 찾아 결단해야 한다는 점이다. 결국 그는 기존의 방식에 자신의 생명을 의존한 다른 사람들과 다르게 행동해 기적적으로 생존했다.

이렇게 자신이 처한 현재 환경을 어떻게 보느냐는 정말 중요하다. 현실에 대한 인식이 미래의 행동을 결정하기 때문이다. 누군가의 구조를 기다리며 현재 상태를 그대로 유지할지, 아니면 이대로 있으면 위험하다고 판단해 어떤 변화를 모색할지는 전적으로 개인의 선택에 달려 있다.

많은 사람이 변화를 얘기하고 실제로 많은 사람이 변화하려 애를 쓴다. 이처럼 변화를 모색하는 사람은 많지만 변화에 성공하는 사람은 찾아보기 힘들다. 왜 그럴까? 어쩌면 그것은 구조의 손길을 기다리면 죽음밖에 없다는 사실을 알면서도 과감하게 바다로 뛰어내리는 사람이 별로 없기 때문인지도 모른다.

지금 우리를 둘러싼 경제 환경은 예측을 불허한다. 이것은 어제 오늘의 일이 아니며 앞으로 크게 나아질 것 같지도 않다. 이제 산업사회의 가치가 아니라 새로운 사회에 걸맞은 새로운 가치가 미래의 삶에 큰 영향을 미치는 시대가 되었다.

고용, 일자리, 경제활동과 관련해 기존의 고정관념을 바꾸지 않는 한 우리는 불타는 배 위에서 구조만 기다리며 발을 동동 구르는 처량한 신세가 되기 십상이다. 스스로 생존 노력을 기울이지 않으면 설사 구조대가 도착해도 이미 때가 늦어버려 어찌할 수 없는 상황에 놓이고 만다.

오늘날 우리 상황은 구조의 손길만 기다리며 시간을 지체하기에는 너무 급박하다. 그래도 다행스러운 점은 구조의 손길이 자기 안에 있다는 것이다.

현재를 '불타는 배'로 규정하고 그 자리에 머무르면 생존하기 어렵다고 판단할 경우 스스로 결단해야 한다. 죽을 각오로 바다에 뛰어들어야 구조를 받을 수 있다. 결단하고 바다 속으로 뛰어드는 것은 누군가가 시켜서가 아니라 스스로 해야 한다.

문제는 불길이 점점 자신을 덮쳐 와도 시커면 파도와 불덩이가 넘실대는 바다로 뛰어드는 것이 두려운 나머지 그 자리에서 망설이는 사람이 많다는 데 있다. 안타깝게도 우리 주위에는 '불확실하지만 생존 가능성'을 선택하기보다 '확실하게 죽는 것'을 기다리는 사람이 너무 많다.

현재 전 세계적으로 인도 출신 경영자들이 우수한 실적과 안정적인 경영으로 각광을 받고 있다. 왜 그럴까? 〈뉴욕 타임스〉의 분석 기사에 따르면 인도에서는 열악한 환경과 미흡한 인프라,

제한적인 자원 등으로 인해 생존하려면 잇따라 발생하는 돌발 상황에 대처하기 위해 플랜 B, 플랜 C 등 다양한 대안을 고민해야 한다고 한다. 이런 환경에 단련된 인도의 기업 경영자들은 자연히 작은 위기쯤은 가볍게 넘기는 마음자세를 갖추게 되었다.

이 말은 탁월한 경영자는 좋은 환경보다 오히려 나쁜 환경에서 더 많이 배출된다는 것을 의미한다. 지금은 환경과 조건을 탓하는 부정적인 생각 대신 파이프 알파의 생존자들처럼 어려운 환경과 위기를 도약의 기회로 삼는 긍정적인 삶의 태도가 절실히 필요하다.

아무것도 준비하지 않고 불구경만 하다가는 정말 늦어버릴지도 모른다. 서둘러 자신만의 적절한 플랜 B를 가동해야 한다. 우리에게 주어진 혹은 다가올 환경은 안락하고 익숙한 것으로부터 벗어나 새로운 변화를 찾아 바다로 뛰어들 것을 요구한다.

그런 의미에서 우리는 피터 드러커의 다음 말을 마음에 깊이 새겨둘 필요가 있다.

"트렌드를 잘 읽는다고 해서 100퍼센트 성공하는 것은 아니지만, 트렌드를 읽지 않으면 100퍼센트 실패는 보장할 수 있다."

구직(求職)이 아니라 창직(創職)이다
굿바이 흙수저

초판 1쇄 발행 | 2016년 7월 28일
출판등록번호 | 제2015-000155호

펴낸곳 | 도서출판 라인
지은이 | 김정수(金正秀)

발행인 | 오 정 훈

기 획 | 정 유 식
디자인 | 김 세 형
마케팅 | 서   설

잘못된 책은 바꿔드립니다.
가격은 표지 뒷면에 있습니다

ISBN 979-11-87311-03-4

주소 | 서울시 강남구 대치4동 샹제리제빌딩
전화 | 02-558-1480/070-8850-5022
팩스 | 02-558-1440
메일 | success7410@naver.com

※도서출판 라인은 석세스파트너의 출판 브랜드입니다.